평 신 도 양 육 교 재

Life Following Jesus

인도자용

KB205998

관계가 풍성한 삶

평신도 양육교재
예수를 따르는 삶
관계가 풍성한 삶

발행일 : 초판 1쇄 인쇄 2008년 8월 21일
　　　　　 개정판 1쇄 인쇄 2014년 3월 14일
발행인 : 우순태
편집인 : 유윤종
책임편집 : 강신덕
기획/편집 : 전영욱, 강영아
디자인/일러스트 : 최동호, 권미경, 오인표
홍보/마케팅 : 강형규, 박지훈
행정지원 : 조미정, 신지현

펴낸곳 : 도서출판 사랑마루
　　　　　 서울시 강남구 테헤란로 64길 17(대치동)
대표전화 : TEL (02) 3459-1051~2/ FAX (02) 3459-1070
홈페이지 : http://www.eholynet.org, http://www.ibcm.kr
등록 : 2011년 1월 17일 등록번호/ 제2011-000013호
값은 뒷표지에 있습니다. 잘못된 책은 구입하신 곳에서 교환해 드립니다.
ISBN : 978-89-7591-317-4 04230

Contents

평신도 양육교재 **여수를 따르는 삶**

- 교육과정개발 : 남은경

- 교재집필 : 정원영 정방원

- 교재개정 : 박향숙

평신도 양육교재

예수를 따르는 삶

Life Following Jesus

발간사

평신도는 단지 예배 참석자가 아닙니다. 평신도는 목회의 동역자입니다. 평신도가 예수님의 제자로 세움을 입어서 주님의 명령(마 28:18-20)대로 가르쳐 지키게 하는 사명을 감당해야 합니다. 평신도들이 사역의 주체가 될 때, 아름다운 주님의 교회가 세워지고 하나님의 나라가 확장될 것입니다.

교단창립 100주년 교육사업의 일환으로 성결교회 평신도 제자화 교육과정을 개발하고 4종류의 교재를 만들었습니다. 그것은 '새신자교재→세례교재→양육교재→사역교재' 입니다. 교회에 처음 나온 새신자도 반드시 사역자로 양성하겠다는 의지가 담겨있는 시리즈 교재입니다. 이 교재에 담겨있는 핵심 키워드는 '구원→믿음→생활→사역' 입니다.

성결교회의 모든 신자들은 하나님의 은혜로 구원받아 온전한 믿음을 가지고 삶이 변화되어 주님의 사역자로 세움을 입어야 합니다. 교회에서는 새신자들이 새신자교육과 세례교육을 언제든지 받아서 온전한 신앙을 형성할 수 있도록 도와야 합니다. 그리고 양육과 사역교재를 통하여 평신도 사역자를 키워야 합니다. 만약 신앙연수가 오래되었지만 신앙이 성숙치 못한 신자가 있다면, 양육교재와 사역교재를 통하여 건강한 사역자로 세움을 입을 수 있을 것입니다.

성결교회의 새로운 100년을 맞이하면서 목회현장에 실제적으로 도움이 될 교재가 개발된 것은 참으로 기쁘고 감사한 일입니다. 앞으로 평신도들이 주님의 몸 된 교회의 주체가 되고, 역사의 책임 있는 존재가 될 수 있도록 돕는 교재들이 지속적으로 개발될 것입니다. 아름다운 주님의 비전을 꿈꾸며 새 역사의 주인공이 됩시다.

기독교대한성결교회 총무 **우순태 목사**

일러두기

성숙한 신앙인은 세상 사람들의 눈으로 보기엔 불편하게 사는 사람일 것이다. '주님이 원하시는 삶은 어떤 것일까?' '주님은 이럴 때 어떤 결정을 내리실까?' '내가 진정한 주님의 제자라면 어떻게 행동해야 할까?' 라는 고민을 가지고 사물을 대하고 세상을 살아가기 때문이다. 하지만 궁극적으로는 세상에 대한 이러한 질문, 그리고 그 대답에 따라 불편하더라도 당당하게 살아나갈 때, 우리는 참다운 기쁨이 넘치는 삶을 살 수 있다는 것을 잘 알고 있다. 모든 성결교인들이 이러한 기쁨을 누리며 살기를 바란다. 이를 위하여 양육교재가 도움이 되기를 바라며, 몇 가지 사항을 일러두고자 한다.

첫째, 본 교재는 성인 양육을 위한 교재이다. 여기에서 성인은 법적으로, 사회적으로, 경제적으로 자립할 수 있는 사람이며, 생물학적으로 아이를 가질 수 있는 육체적으로 성숙한 사람이며, 심리학적으로 청년기를 지나고 삶의 특별한 과정을 경험한 사람이며, 교육적으로 그가 속한 사회와 문화가 마련한 어느 정도의 학교 교육을 성취한 사람이다. 또한 신앙인으로서 자신의 생애를 통하여 삶의 스타일(life style)을 형성해 가는 존재이며, 영적으로 성장 발달해 가는 존재이다.

둘째, 본 교재는 평신도를 위한 교재이다. 대부분의 내용은 일상생활에서 겪을 만한 상황이나 생각해 보아야 할 만한 주제와 내용을 담고 있다. 여기서 평신도의 의미는 단순히 교회의 구성원 중에서 평범한 사람을 의미하는 것이 아니라 교회의 대부분을 차지하는 구성원으로서 주님의 자녀이며, 제자이고, 교회를 교회되게 이끌어 가야하는 각 지체를 의미한다. 따라서 이 양육의 과정을 통하여 평신도는 더욱 성장하여 목회의 동역자로서 하나님께서 허락하신 사역의 한 부분을 감당할 수 있도록 성숙하여야 한다. 이 교재를 잘 마친다면 교회에서는 집사나 구역장 등의 역할을 맡겨도 될 정도의 훈련이 이루어질 것이다.

셋째, 본 교재 교육과정의 내용 범위는 교단의 사중복음을 서울신학대학교 성결교회신학연구회가 이 시대의 언어로 표현한 '생명', '사랑', '회복', '공의'의 신학적 설명으로 한다. 그래서 이제까지 성결교회의 교육이 개인의 영혼 구원과 개인적 삶에 있어서의 성결에 집중하였다면, 이제는 사회의 보편 가치들에 대한 복음적 시각을 갖는 데까지 교육의 목표와 장(場)을 확대하고자 한다. 그래서 생활의 모든 영역에서 구체적인 문제와 사회적, 문화적, 윤리적, 정치적, 생태적 차원까지 다루고 있다.

넷째, 이 교재는 단순히 읽기용 책이나 답을 달기 위한 성경공부 교재가 아니라 모임의 참가자들이 함께 각 주제에 따라 고민하고, 결단하고, 실천하는 워크숍 교재에 가깝다. 따라서 참가자의 답 달기와 인도자의 답 해설에 의존하는 다소 구태의연한 성경공부 교재가 아니라 함께 목적을 위하여 삶을 연습해 가는 안내서이다. 이 교재를 바탕으로 서로 격려하고, 섬김을 베풀고, 감사를 표현하는 과정을 통해 더욱 풍성한 하나님의 은혜를 누리게 될 것이다.

이러한 본 교재를 가지고 모임을 인도하게 될 인도자는 비록 목회자이거나 지도자라고 할지라도 무엇인가 지식을 가르치려고만 노력하는 것은 바람직하지 않다. 물론 이 과정을 잘 인도하기 위해서 본 교재의 각 과가 이루고자 하는 목표와 그에 따르는 내용들에 대해서는 철저하고 꼼꼼하게 준비해야겠지만 자신이 깨달은 바를 참가자들도 스스로 깨달을 수 있도록 인도해야 한다. 뿐만 아니라 인도자와 학습자간의 나눔을 통해서 서로의 은혜가 더욱 풍성해 질 수 있도록 배려해야 한다.

이 교재를 통해 자신의 영적인 성숙을 기대하는 학습자들은 단순히 성경의 지식을 더 얻겠다는 정도의 생각으로 임하거나, 성경에서 답을 찾아 빈칸을 채우는 다소 수동적인 자세만을 보이는 것은 바람직하지 않다. 자신의 경험과 생각을 함께 나누고 인도자의 답을 기다리기 전에 먼저 고민하고 성경의 의미를 깨닫기 위해 노력해야 한다. 그리고 결국에는 이러한 모든 것들이 나의 일상생활에서도 실천될 수 있도록 노력하겠다는 다짐 속에서 생활에 임해야 한다.

본 양육교재는 모두 8권, 각 권당 5과 씩, 총 40개의 주제를 다룰 것이다. 적지 않은 양이기는 하지만, 신앙인들이 교회에서나 사회에서 부딪히게 될 모든 주제들이 다 다루어 진 것은 아니다. 하지만 이 40개의 주제를 다루며 배우고, 생각하고, 느끼고, 결단하고, 실천하는 과정을 통해서 한 단계 더 성숙된 신앙인으로 나아갈 수 있는데 도움이 되리라 생각한다.

본 교재를 바탕으로 한 평신도의 양육이 성공적으로 이루어져서 모든 성도들이 교회뿐만 아니라 가정과 사회에서 주체적 존재가 되며, 성결교회의 교인으로서, 또한 그리스도의 제자로서 확고한 정체성을 갖으며, 마침내 이 땅 위에서 하나님의 뜻대로 살아가고 하나님의 나라를 이루어 내는 하나님의 사람으로 거듭나게 되기를 바란다.

관계가 풍성한 삶

단원 설명

6단원은 '관계가 풍성한 삶'을 목적으로 구성되었다. 단원 주제인 '사랑'은 기독교인이 회복해야 할 '성결'의 상태를 현대적인 언어로 표현한 것이다. 성결이란 '하나님의 형상을 회복하는 것'을 말하는 것으로 '성화', '기독자의 완전', '온전한 그리스도인', '성령세례' 등으로 표현되기도 한다. '성결'은 그리스도로 말미암은 성령의 역사이기 때문에 '성령세례'라고도 한다. 즉 인간의 노력에 의한 도덕적 완전함이라기보다는 성령을 통해 얻는 하나님의 은혜의 사건이요 이차적인 사건인 것이다.

기독교인은 개인적인 구원의 체험을 넘어서 이웃사랑으로 표현되는 성결의 은혜를 사모해야 한다. 하나님의 성품인 성결, 사랑의 충만, 성령세례를 통해 이웃을 사랑하는 삶을 살아가야 한다. 2단원에서는 기독교인의 개인적인 인간관계 속에서 성결의 은혜를 통해 '이웃과 사랑을 나누는 삶'을 다루었는데 6단원에서는 기독교인의 사회적인 현장인 가정, 교회, 직장, 사회 등에서 맺는 구체적인 관계 속에서 사랑으로 '관계가 풍성한 삶'을 다루었다.

각 과의 내용이 다루는 사랑으로 사회적 관계를 풍성하게 하는 삶은 다음과 같다. 1과는 '행복한 가정'이다. 가정은 하나님께서 이 땅에 세우신 1차적인 공동체요 은혜의 통로이다. 가정 속의 관계를 향한 하나님의 권면을 통해 사랑으로 다시 회복되는 가정이 되도록 은혜를 구하자. 2과는 '우정과 인간관계'이다. 선후배, 스승과 제자, 혹은 친구간의 관계는 우정관계가 될 수도 대적관계가 될 수도 있다. 모든 관계가 하나님이 허락하신 관계임을 깨닫고 하나님의 사랑의 은혜로 관계를 회복하자. 3과는 '성공! 야망이냐 비전이냐'이다. 현대 사회의 성공지상주의적인 삶은 모든 인간관계를 경쟁상대로, 하나님을 도구로 전락시키며 관계를 변질시킨다. 모든 인류를 구원하고 살리고자 하는 하나님의 비전을 회복하여 사회 속에서 맺는 모든 관계를 의미 있고 가치 있게 만들어가자. 4과는 '시험! 유혹이냐 연단이냐'이다. 기독교인은 현대 사회의 곳곳에서 물질, 명예, 권력이라는 마귀의 유혹을 만날 수 있다. 성결한 사회를 세우기 위해 우리는 성령 충만함으로 무장하여 성결한 은혜를 사모해야 한다. 5과는 '낮은 자와 함께'이다. 사랑이 충만한 사회는 그리스도의 섬김과 나눔의 삶으로 이루어질 수 있다. 연약한 자, 지극히 작은 자를 위하여 자신의 모든 생명을 버리신 그리스도의 사랑으로 충만하여 이웃을 위해 기꺼이 우리의 것을 나누고 섬기는 삶을 살자.

행복한 가정

교육주제 성경적이고 행복한 가정관을 확립한다.

배울말씀 에베소서 5장 22절-6장 4절

도울말씀 벧전 3:1-7, 골 3:18-21, 창 2:24, 창 3:16-17

새길말씀 사람이 자기 집을 다스릴 줄 알지 못하면 어찌 하나님의 교회를 돌보리요
(딤전 3:5)

이룰 목표

① 가족간의 관계를 향한 하나님의 말씀을 통해 자신의 책임을 확인한다.

② 가족과의 관계 속에서 자신이 처한 위치와 태도를 성찰한다.

③ 행복한 가정이 되기 위한 구체적인 방법을 찾아 실천한다.

교육흐름표

	40 min	20 min	20 min	20 min	20 min
	O.T.	관심	기억	반성	응답

교육진행표

구분	오리엔테이션	관심갖기	기억하기	반성하기	응답하기
제목		흔들리는 가정	우리 가족에게 주신 말씀	우리 가족 관계도	행복 지수 높이기
내용	단원 설명, 자기소개	신문기사를 읽고, 현대 가정이 흔들리는 원인을 이야기한다.	부모, 자녀, 부부간의 관계를 위한 하나님의 권면의 말씀을 이해한다.	가족의 관계도를 그리면서 회복이 필요한 관계를 확인하고, 회복을 위한 하나님의 권면을 찾아본다.	회복해야 할 관계에 있는 가족에게 핸드폰 문자 혹은 엽서로 마음을 전한다.
방법	강의, 발표	신문 기사 읽고 이야기하기	성경 찾아 답하기	가계도 그리기	
준비물	출석부	권면차트			
시간	40분	20분	20분	20분	20분

말씀 이해

1. 아내와 남편의 관계 (엡 5:22-30)

에베소서 5장 22절부터 24절까지는 아내에게 주는 교훈이다. 아내는 남편에게 복종해야 한다. 그렇다면 아내의 복종은 어느 정도여야 하는가? 교회가 주님께 복종하듯 아내는 남편에게 복종해야 한다. 왜냐하면 남편이 아내의 머리가 되기 때문이다(창조의 원리). 마치 그리스도께서 교회의 머리가 되시는 것과 같다(구속의 원리). 교회의 머리가 되시는 그리스도께서는 교회의 지배자가 아니라 구주가 되신다(23절). 여기서 '머리'라는 표현은 '소유'와 '지배'를 뜻하기 보다는 '사랑'(25절)과 '양육과 보호'(29절)를 의미한다.

5장 25절부터 29절까지는 남편에게 주는 교훈이다. 남편은 아내를 사랑해야 한다. 그렇다면 남편의 사랑은 어느 정도여야 하는가? 한편으로는 '그리스도께서 교회를 사랑하시고 자신을 주심 같이'(25절), 다른 한편으로는 '자기 자신과 같이'(28절) 남편은 아내를 사랑해야 한다. 교회를 향한 그리스도의 사랑은 구체적으로 어떻게 나타났는가? 첫째, 교회를 위해서 생명을 바치셨고(25절), 둘째, 교회를 영광스럽고 자랑스럽게 여기셨고(27절), 셋째, 교회를 보호하고 양육하셨다(29절).

2. 자녀와 부모의 관계 (엡 6:1-4)

6장 1절부터 3절까지는 자녀에게 주는 교훈이다. 자녀는 부모를 주 안에서 순종하고 공경해야 한다. 이것은 사람이라면 마땅히 지켜야 할 도리일 뿐 아니라 하나님의 백성이라면 마땅히 지켜야 될 십계명 중 제 5계명에 해당된다. 자녀가 부모를 잘 섬길 때 주어지는 복이 바로 형통과 장수의 복이다.

6장 4절은 부모에게 주는 교훈이다. 특히 아버지에게 주는 교훈이다. 가정의 가장인 아버지가 자녀 교육의 최종적인 책임자이다. 성경은 '자녀를 노엽게 하지 말라'는 소극적인 권면과 '주의 교양과 훈계로 양육하라'는 적극적인 권면을 주고 있다.

관심갖기

평신도 양육교재

흔들리는 가정

아래의 기사를 읽고 주어진 질문에 답해 봅시다.

> 가족과 친척들이 모처럼 한자리에 모여 훈훈한 애기꽃을 피워야 할 추석 연휴에 평소보다 50%나 많은 가정폭력 사건이 발생했다. '명절 스트레스'가 부부 사이에 깊은 감정의 골을 만든 결과였다.
>
> 추석 전날인 18일 서울경찰청 112신고센터에는 가정폭력 신고 153건이 접수됐다. 19일 151건, 20일 133건, 21일 157건 등이었다. 평소 100건 정도이던 가정폭력 신고가 추석 연휴 기간에 40~50% 증가한 것이다. 경찰 관계자는 "명절에 고향 가는 문제로 인한 다툼뿐 아니라 가족들이 오랜만에 모이다보니 대화하는 과정에서 재산문제 등으로 다투다 폭력으로 이어지는 경우가 많다."라고 설명했다.
>
> 명절에 관계가 틀어져 이혼하는 부부도 많다. 최근 통계청이 발표한 '5년간 이혼 통계'에 따르면 설과 추석 직후인 2~3월과 10~11월의 이혼 건수가 바로 직전 달보다 평균 11.5% 많았다. 지난해 추석이 있던 9월 이혼 건수는 9,137건이었으나 직후인 10월에는 9,972건, 11월에는 9,915건으로 800건 가량 껑충 뛰었다. 2008년엔 추석이 있던 9월 6,704건에 불과했던 이혼건수가 10월 9,603건으로 43.2%나 급증하기도 했다. 한 가정상

담기관 관계자는 "명절 후에는 평소보다 이혼상담 신청이 많고, 실제 이혼으로 연결되는 경우도 많다."고 전했다.

국민일보 2013년 9월 23일자 이용상 기자

1. 현대의 가정이 흔들리는 원인은 무엇이라고 생각하나요?

각자의 이야기를 나눠본다.

위의 기사와 같은 위기 상황이 모든 가정에서 일어나는 것은 아니다. 그러나 모든 가족이 모이는 명절에 특히 크고 작은 말다툼이 쉽게 일어날 수 있다. 가정에서의 작은 말다툼이 깊은 갈등이 되어 위기 상황까지 이어지는 것은 평소에 충분이 대화를 하지 못하는 데에 그 원인이 있다. 대화가 부족하면 오해가 생기고 오해가 쌓이면 가족간에 신뢰가 약해지게 된다. 평소에 충분히 대화를 하지 못하고 자기만의 생각을 쌓아둔 부부나 가족은 극도의 스트레스 상황을 만나게 되면 감정이 폭발하면서 위기를 극복하는 능력을 잃어버리게 되는 것이다.

대체로 현대 가정의 가족들은 함께할 수 있는 시간도 줄어들고, 같은 공간에 있으나 함께 마음을 나눌 수 있는 대화의 시간도 줄어들고 있다. 흔들리기 쉬운 사회 풍토 속에서 살아가는 가정을 바로 세우기 위해 하나님께서 권면하시는 말씀을 찾아서 살펴보자.

배울말씀인 에베소서 5장 22절-6장 4절을 읽고 주어진 질문에 답해 봅시다.

1. 아내들에게 권면하는 하나님의 말씀은 무엇입니까? (엡 5:22, 33)

> 자기 남편에게 복종하기를 주께 하듯 하라 (22절)
> 자기 남편을 존경하라 (33절)

> 여기에서 복종은 신하가 임금에게 하는 복종이 아니다. '주께 하듯 하라'고 하셨다. 나를 위해 자신의 생명을 버리시며 사랑하신 예수님께 감사한 마음으로 기꺼이 순종하는 것처럼, 남편을 기쁜 마음으로 사랑하고 따르라는 말씀이다.

2. 남편들에게 권면하는 하나님의 말씀은 무엇입니까? (엡 5:25, 28)

> 아내 사랑하기를 그리스도께서 교회를 사랑하시고 그 교회를 위하여 자신을 주심같이 하라(25절)
> 자기 아내 사랑하기를 자기 자신과 같이 할지니 자기 아내를 사랑하는 자는 자기를 사랑하는 것이라(28절)

> 그렇다면 남편은 아내를 어떻게 대해야 하는가? 아내에게 주는 말씀보다 더 큰 책임을 남편들에게 부과하고 있는 듯하다. 예수님이 교회를 사랑하시듯이, 즉 교회를 위해 자신의 생명을 주신 것처럼, 또한 아내를 곧 자기 자신인 것처럼 사랑하고 보호할 것을 권면하셨다. 아내는 남편에게 존경할 만할 것을, 남편은 아내에게 사랑할 만할 것을 요구하는 조건적인 태도를 갖기 쉽다. 그러나 성경말씀은 누가 먼저 할 것은 언급하고 있지 않다. 사랑은 함께 서로를 향해 내가 먼저 하는 것이

다.

3. 자녀들에게 권면하는 하나님의 말씀은 무엇입니까? (엡 6:1, 2)

주 안에서 너희 부모에게 순종하라 (1절)
네 아버지와 어머니를 공경하라 (2절)

자녀가 부모에게 효도하는 것은 신앙 이전에 인간으로서 행해야 할 마땅한 도리
이다. 성경에서도 효를 중요하게 다루고 있다. 예수님께서도 친히 십자가에서 효
의 본을 보이셨다. 그리고 십계명 중에서 인간을 향한 계명(5−10계명) 중 첫 계명
이 제5계명으로 "네 부모를 공경하라. 그리하면 네 하나님 여호와가 네게 준 땅에
서 네 생명이 길리라(출 20:12)."이다. 제5계명이 바로 효에 대한 대표적인 가르침
이다.

4. 부모들에게 권면하는 하나님의 말씀은 무엇입니까? (엡 6:4)

너희 자녀를 노엽게 하지 말고 오직 주의 교훈과 훈계로 양육하라(4절)

본문 4절에서 특별히 '아비들'에게 자녀 교육에 대해 교훈을 말씀한 의도는 자녀
교육의 주된 책임이 아버지에게 있다는 의미이다. 물론 자녀 교육은 부모 모두의
공동책임이다. 특별히 하나님을 섬기는 그리스도인 부모는 자녀를 교육할 때 반
드시 신앙으로 양육해야 한다. 소극적으로는 자녀를 노엽게 하지 말고, 적극적으
로는 주의 교양과 훈계로 양육해야 한다.

1. '나의 가족 가계도'를 그려보세요.
   • 남자는 □로 여자는 ○로 표시하세요.
   • 아래와 같은 방식으로 자신의 부모와 배우자의 부모, 그리고 자녀의 관계도
     를 그려보세요.

   • 가계도에서 나와 가족들과의 현재의 관계가 어떠한지 아래의 예시를 참고
     해서 표시해 보세요.

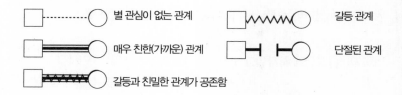

가계도를 정확히 그리는 것보다 가족간의 관계를 생각해 보도록 하는 데에 초점
을 두어 안내하도록 한다. 따라서 기호를 정확하게 하는 것에 너무 신경쓸 필요가
없다. 본인이 알아볼 수 있을 정도만 되도 무방하니 편안한 분위기를 조성하라.
가계도를 그린 뒤 나누기를 자원하는 사람이 있을 경우에는 이야기를 나누도록
하되, 강제로 하지 않고 자발적으로 나누도록 초청한다. 나누는 사람이 없을 경우
다음 질문으로 진행하도록 한다.

2. 가계도에서 그린 부부, 부모, 자녀와의 관계 중 회복되어야 할 관계를 찾아보
세요. 아래 첫째 빈칸에는 그의 이름을 쓰고, 둘째 빈칸에는 하나님께서 권면
하신 말씀의 내용을 써보세요.

아내○○○	을(를)	예수님이 자신의 생명을 주신 것처럼 사랑	하겠습니다.
남편○○○	을(를)	예수님께 하듯 존경하고 복종	하겠습니다.
어머니○○○	을(를)	공경하고 말씀에 순종	하겠습니다.
아들○○○	을(를)	오직 주님의 교훈과 훈계를 따라 양육	하겠습니다.

(차트 자료)

평신도 양육교재
응답하기
행복 지수 높이기

1. 현대인들은 너무 바빠서 가족이 함께하는 시간과 대화하는 시간이 절대적으로
부족할 수밖에 없습니다. 가족이 함께모여 대화할 수 있는 구체적인 계획(이벤
트)을 세우고 서로 나누어 봅시다.

각자의 형편에 따라 어떤 계획들이 가능한지 의견을 나누어 본다. 자녀의 학교 방
문, 깜짝 선물 준비하기, 온 가족 영화의 날 실천하기, 동영상 메일 보내기 등

여성가족부가 조사한 결과에 따르면, 5가구 중 1가구(21.2%)가 가족과 함께 지내
는 시간이 하루 평균 30분 미만이고, 3.0%는 가족이 함께하는 시간이 거의 없다
고 응답했다. 최소 2인 이상의 가족이 함께 저녁식사를 하는 비율도 41.4%에 불과

했고 함께 저녁식사를 전혀 하지 않는 가족도 14.1%나 되었다.

한국교육개발원이 2006년 전국 4,5,6학년 초등학생 4,340명을 대상으로 조사한 '한국 초등학생의 생활 및 문화실태 분석 연구' 결과에 따르면, 초등학생들이 부모와 대화하는 시간이 하루 평균 '30분 이내'가 34.5%에 달했고 부모와 대화를 거의 하지 않는 경우도 어머니 19.8%, 아버지 30.9%에 이르는 것으로 조사됐다. 이는 고학년으로 갈수록 더욱 심각해진다. 중·고등학생의 40.6%가 부모와의 대화시간이 전혀 없는 것으로 답했다.

2. 가족들에게 보낼 사랑의 문자 메시지나 편지를 지금 작성해서 보내 봅시다.

배우자에게:

부모님께:

자녀들에게:

인도자는 핸드폰을 사용하지 않는 참석자들을 확인해서 핸드폰 문자 대신 작은 엽서를 쓰도록 제안한다.

엽서를 학습자 수대로 준비해서 나눠주고 그 자리에서 가족에게 직접 쓰고 집에 가서 전달하게 한다.

새길말씀 외우기

사람이 자기 집을 다스릴 줄 알지 못하면 어찌 하나님의 교회를 돌아보리요
(딤전 3:5)

결단의 기도

사랑의 하나님, 우리에게 가정을 주시고 가정에 행복을 주시는 주님께 감사를 드립니다. 인생의 성공이나 만족을 위해 가정의 행복을 너무나도 많이 희생시켰음을 회개합니다. 가정이 얼마나 소중한지 깊이 인식하고 이제부터는 성경적이고 행복한 가정을 이룰 수 있게 해 주옵소서. 예수님의 이름으로 기도드립니다. 아멘.

평신도 양육교재
평가하기

평가항목	세부사항	그렇다	그저 그렇다	아니다
인도자의 준비도	인도자는 본 과의 교육목적을 이룰 수 있도록 충분하게 준비했습니까?			
교육목표의 성취도	1. 학습자들이 그동안 인생의 성공을 위해 가정의 행복을 희생시킨 것을 반성하였습니까? 2. 학습자들이 행복한 가정을 이루기 위해 구체적으로 결단하였습니까?			
학습자의 참여도	학습자들이 진지하고 적극적인 태도로 성경공부에 임했습니까?			
성경공부의 분위기	성경공부를 진행하는 동안 분위기가 자연스럽고 편안했습니까?			
기타 보완할 점	기타 보완할 점이나 건의사항이 있습니까?			

2
평신도 양육교재

우정과 인간관계

교육주제 신뢰를 바탕으로 인간관계를 맺는다.
배울말씀 사무엘상 19장 1~7절
도울말씀 요 15:13-15, 롬 12:15
새길말씀 사람이 친구를 위하여 자기 목숨을 버리면 이보다 더 큰 사랑이 없나니
(요 15:13)

이룰 목표

① 다윗과 요나단의 우정관계가 진정한 인간관계임을 안다.
② 영적인 우정을 위해서 지불해야 할 대가가 있음을 깨닫는다.
③ 좀 더 친밀한 우정을 쌓기 위해 구체적으로 노력한다.

교육흐름표

20 min	20 min	40 min	40 min
관심	기억	반성	응답

교육진행표

구분	관심갖기	기억하기	반성하기	응답하기
제목	둘이 함께 치는 박수	적인가 친구인가	나의 관계는…	우정 쌓기
내용	월남전에서 팔을 잃은 두 친구가 각각 남은 하나의 팔로 박수를 치는 예화를 읽고 우정의 의미를 이야기한다.	사울과 다윗의 적대 관계, 다윗과 요나단의 우정 관계를 비교하여 참된 인간관계를 찾아본다.	나의 인간관계에서 적대관계와 우정관계를 찾아보고 적대관계를 우정관계로 발전시킬 수 있는 방법을 찾아본다.	좋은 친구가 되기 위해, 이웃, 직장, 교회의 친구를 위해 할 수 있는 일을 찾아 실천한다.
방법	예화 읽고 이야기하기	성경 찾아 답하기	나의 관계 반성하기	결단하고 실천하기
준비물	다윗과 요나단 그림	성경책	성경책 친구임종 사진	우정쌓기 차트
시간	20분	20분	40분	40분

20 평신도 양육교재

1. 혈연이냐 우정이냐

사울 왕은 다윗을 죽이려고 그동안 여러 차례 은밀히 시도했지만 모두 실패하고 만다. 다윗을 직접 죽이려고 했고(삼상 18:11), 음모를 꾸미기도 했다(삼상 18:17, 25). 이제 사울 왕은 공개적으로 다윗을 죽이라는 명령을 내린다(1절). 이 일로 인해 요나단의 입장만 아주 난처해진다. 한쪽은 부친이고, 다른 쪽은 친구이기 때문이다. 즉 한쪽은 혈연관계이고 다른 쪽은 우정관계이다. 다윗과 요나단의 우정은 오다가다 잠시 만난 그저 그런 친구관계가 아니었다. 요나단은 다윗을 생명처럼 사랑하기 때문에 언약을 맺을 정도였다(삼상 18:1-4). 그는 혈연 때문에 결코 우정을 포기하지 않는다. 그는 여전히 "다윗을 심히 기뻐"하였는데, 이는 우정을 소중히 여기는 그의 태도를 반영한 것이다.

2. 요나단의 중재

요나단(그림 자료)은 사울 왕에게 간청하기 전에 먼저 다윗을 만난다. 역시 다윗과의 우정 때문이다. 그는 다윗에게 자기 부친의 살해 의도를 자세히 전해준다. "내 부친 사울이 너를 죽이기를 꾀하시느니라." 이렇게 요나단은 사울 왕이 호시탐탐 다윗을 죽이기 위해 기회를 엿보고 있음을 알려주면서, 다윗에게 도피하라고 요청한다(2절). 그리고 요나단은 다윗을 구명하기 위해 중재 노력을 게을리 하지 않는다. 그는 사울 왕을 직접 만나서 다윗 살해 음모에 대한 정보를 입수한 후 다윗에게 제공해 주려고 했다(3절). 요나단은 사울 왕에게 충언을 한다(4-5절). '다윗을 포장하여 말한다'는 말은 '거짓되게 말한다, 부풀려 말한다'는 뜻이 아니라, '선하게 말한다, 좋게 말한다'는 의미이다. 그는 친구를 포장할 줄 아는 사람, 친구를 변호해 줄 줄 아는 사람이다. 그의 충언에 의하면, 다윗은 아무런 혐의가 없을 뿐 아니라, 사울 왕에게 심히 선한 일들을 많이 행했었다. 그는 사울 왕이 다윗의 선에 대해 악으로 갚으려 하고 있다고 거침없이 직언을 한다. 다윗이 사울 왕을 위해 행한 선한 일들 중에 하나는 블레셋 사람 골리앗을 물리친 일이었다(삼상 17:41-49). 다윗은 목숨 걸고 골리앗과 싸워 나라를 구했고, 사울 왕의 명예도 지켜주었다. 그 일로 인해 사울 왕이 기뻐한 것이 엊그제 같음을 상기시키면서, 요나단은 무죄한 자의 피를 흘려서는 안 된다고 충언한다.

3. 사울 왕의 맹세

다윗에 대한 요나단의 포장과 변호가 결국 사울 왕의 마음을 움직였다. 사울 왕은 여호와의 살아계심으로 맹세하면서 다윗을 살해하려는 음모를 포기한다(6절). 사울 왕의 이 맹세는 요나단을 속이기 위한 거짓 맹세가 결코 아니다. 요나단의 중재와 사울 왕의 맹세 덕분에 다윗은 안정을 보장 받고(7절), 천부장으로서(삼상 18:13) 본연의 임무에 충성하게 된다(삼상 19:8). 그런데 사울 왕의 맹세는 결코 오래 가지 못한다. 그는 또다시 다윗을 살해하려고 하는데(삼상 19:9), 사울 왕이 이렇게 맹세를 파기하는 원인은 악신의 역사 때문임을 알 수 있다(삼상 18:10, 19:9). 친구인 다윗과 맺은 언약에 끝까지 신실한 요나단의 모습과, 맹세해 놓고도 쉽게 파기할 정도로 변덕스러운 사울 왕의 모습이 몹시 대조적이다.

평신도 양육교재
관심갖기

둘이 함께 치는 박수

아래의 글을 읽고 주어진 질문에 답해 봅시다.

> 월남전 때의 일입니다. 부상당한 군인들을 위해 위문공연이 준비되었습니다. 프로그램의 총 감독이 미국의 유명한 코미디언 밥 호프(Bob Hope)를 공연에 초대했습니다. 그런데 그가 선약을 이유로 거절했습니다. 당시 그가 빠진 위문공연은 무의미하다고 할 정도로 그의 인기가 대단했습니다. 감독의 간곡한 부탁에, 그는 더 이상 거절을 할 수가 없었습니다. 그래서 무대

에 5분 정도만 출연하기로 약속했습니다. 공연 당일, 5분을 약속하고 무대 위에 오른 그. 그런데 5분이 지나도 그는 공연을 끝내지 않았습니다. 10분, 20분이 지났고, 결국 그는 40분 동안 공연을 하고 무대를 내려왔습니다. 그의 얼굴에는 눈물이 흐르고 있었습니다. 감독이 그에게 어떻게 해서 40분씩이나 공연을 하게 되었는지, 그리고 눈물을 흘리는 이유가 무엇인지 물었습니다. 그는 이렇게 대답했습니다. "맨 앞줄에 앉은 두 친구 때문에 그랬습니다. 두 친구가 힘을 합쳐 함께 박수치며 기뻐하는 모습을 보면서, 오히려 내가 참된 기쁨을 배웠습니다." 무대 맨 앞줄에는 오른팔을 잃어버린 한 사람과 왼팔을 잃어버린 또 한 사람이 앉아 있습니다. 공연 도중 그들은 한 사람은 왼팔로, 또 한 사람은 오른팔로, 함께 박수를 쳤던 것입니다.

1. 밥 호프를 감동시킨 두 친구들을 보면서, 우정이란 무엇이라고 생각합니까?

각자의 의견을 말해본다. 서로의 부족함을 채워주고 어려움 속에서도 기쁨을 함께 나눌 수 있는 친구 관계

인도자는 학습자들로 하여금 우정이 무엇인지를 나름대로 생각하게 한다. 우정(友情)의 사전적인 의미는 '친구 사이의 정'을 말한다. 인도자는 되도록 학습자들이 예화에 근거해서 우정을 정의하도록 유도한다. 특히 '슬픔도 함께! 기쁨도 함께!'에 초점을 맞추도록 대화를 유도한다.

2. 교회 안에서 우리가 흔히 사용하는 단어 중에 "교인"(教人)과 "교우"(教友)가 있는데, 그 차이점이 무엇이라고 생각합니까?

둘 다 부정적인 의미로 해석할 필요는 없다. 단지 느낌상으로 교인은 그냥 같은 교회에 다니는 사람 정도를 의미하고, 교우는 신앙생활을 하면서 삶을 나누는 신앙의 동역자일 수 있다.

정훈택 교수는 그의 글에서 교우에 대해서 이렇게 적고 있다. "사전을 따르면 교우란 '같은 믿음(문자적으로는 종교라고 되어 있다)을 가진 사람을 벗으로 일컫는 말'이다. 늘 그리고 흔히 쓰는 말은 아니지만 우리는 종종 어떤 사람을 교우라고 부른다. 이때 그 사람, 즉 교우는 어떤 다른 교인보다, 때로는 목회자나 형제보다 더 친밀하여 나의 모든 것을 말하고 의논하며 의지할 수 있는 사람, 어떤 생각이라도 함께 나눌 수 있고 어떤 도움이라도 제공할 수 있는 사람, 그를 위해서는 내가, 나를 위해서는 그가 기꺼이 희생을 감수할 수 있는 그런 사람이다. 교회 내 직분이나 사회적 신분을 뛰어넘어 믿음직하고 스스럼 없는 친구가 있고 더구나 같은 신앙을 가지고 같은 하나님 앞에서 그와 더불어 인생을 함께 만들어 간다는 것, 어떤 목표를 함께 설정하여 함께 최선을 다해 달려간다는 것, 이 얼마나 흐뭇하고 아름다운 일인가!"

평신도 양육교재
기억하기
적인가 친구인가

배울말씀인 사무엘상 19장 1-7절과 주어진 성경구절을 찾아 읽고 질문에 답해 봅시다.

1. 사무엘상 18장에는 사울과 다윗의 관계(29절)와 요나단과 다윗의 관계(3절)라는 대조적인 인간관계가 나타납니다. 사울이 다윗과 적대적인 관계가 된 근본 원인은 무엇일까요? 세 가지 원인을 찾아봅시다.

삼상 18:7-8	시기심
삼상 18:10	악령의 강한 역사
삼상 18:12	하나님의 떠나심

사무엘상 18장에는 두 가지 대조적인 인간관계가 나타난다. 하나는 사울과 다윗의 적대관계(삼상 18:29)이고, 다른 하나는 다윗과 요나단의 우정관계(삼상 18:3)이다. 사울이 다윗과의 관계를 평생 적대관계로 발전시키게 된 직접적인 원인은 사울의 시기심(삼상 18:7-8), 악령의 강한 역사(삼상 18:10), 하나님의 떠나심(삼상 18:12) 등이었다. 반면에 요나단이 다윗과의 관계를 죽는 날까지 우정관계로 지속시킬 수 있었던 직접적인 원인은 다윗과 맺은 언약(삼상 18:3), 하나님이 다윗과 함께하심(삼상 18:12, 14, 28), 다윗의 지혜로운 처신(삼상 18:5, 14-15, 30) 등이었다. 이러한 두 가지 대조적인 인간관계를 배경으로 사무엘상 19장이 전개된다.

2. 요나단이 사울 왕에게 다윗을 칭찬하였습니다(삼상 19:4-5). 또한 사울 왕이 요나단을 죽이려고 했을 때에도 요나단은 목숨을 걸고 끝까지 다윗을 지키려고 했습니다(삼상 20:30-33). 그 이유는 무엇일까요? (삼상 18:3)

다윗과 요나단의 우정이 위기의 순간에도 결코 깨지지 않았던 이유는 그들의 우정이 언약에 기초한 우정이었기 때문이다.

요나단은 다윗에 대해 선하게 말했다. 좋은 인간관계를 맺기 위해서는 요나단처럼 상대방의 허물은 덮어주고 좋은 점은 드러내어 칭찬해 줄 줄 알아야 한다. 그래야만 우정관계를 지속할 수 있다. 악한 말보다 선한 말이 상대방에게 은혜를 끼칠 수 있다. 에베소서 4장 29절에 보면, "무릇 더러운 말은 너희 입 밖에도 내지 말고 오직 덕을 세우는 데 소용되는 대로 선한 말을 하여 듣는 자들에게 은혜를 끼치게 하라."라고 했다.

3. 요나단은 다윗을 생명처럼 사랑하여 다윗에게 자기의 겉옷과 군복과 칼과 활과 띠를 선물로 주었습니다. 이것이 의미하는 것은 무엇일까요? (삼상 18:1-4)

요나단이 자기의 겉옷과 군복과 칼과 활과 띠를 다윗에게 선물로 주었다는 것은 곧,

다윗에게 왕권을 넘겨주겠다는 뜻이다. 요나단은 자신의 권리인 왕권보다 다윗과의 우정을 더 소중히 여겼다.

요나단은 다윗을 자기의 생명처럼 여겨 그에게 최고의 선물을 주었다. 겉옷, 군복, 칼, 활, 띠. 이것들은 사무엘서의 이야기 진행에 있어서 매우 중요한 상징적인 의미를 지닌 물건들이다. 그는 아버지 사울의 대를 이어 왕이 될 왕자였다. 그가 겉옷(왕자의 의복), 군복, 칼, 활 등을 다윗에게 선사했다는 것은 그가 다윗에게 왕권을 넘겨주겠다는 것을 의미한다고 볼 수 있다. 다시 말해서 비록 요나단 자신이 차기 왕권에 지명된 자이지만 민족과 하나님의 나라를 위해서 다윗이 왕이 되는 것을 인정할 수 있으며, 또 둘 사이의 우정을 생각해서도 이를 기꺼이 받아들이겠다는 의미로 볼 수 있다.

평신도 양육교재
반성하기   나의 관계는…

1. 내가 맺고 있는 인간관계 중에 대적관계(사울과 다윗)와 우정관계(다윗과 요나단)를 각각 한 가지씩만 찾아보고, 또 그 원인이 무엇인지 생각해 봅시다.

관계	나의 인간관계	이유는?	앞으로의 바람은?
대적관계	시누이	자꾸만 나의 감정을 건드리고 때로 상처를 준다.	같은 신앙인으로서 좋은 인생의 동반자가 되었으면 좋겠다.
우정관계	교회 이권사님	나를 친딸처럼 보살펴 주시고 나도 친정어머니처럼 생각하고 있다.	앞으로도 더욱 정성을 다해 섬길 것이다.

위의 예처럼 각자의 상황을 이야기 나누어 본다.

인도자는 학습자들이 직장이나 교회 혹은 친인척 간에 맺고 있는 인간관계 중에 대적관계와 우정관계를 솔직하게 말하도록 편안한 분위기를 이끌어야 한다. 대부분의 현대인들이 인간관계가 어렵다고 호소하고 있는 실정이다. 따라서 여기서는 대적관계에 초점을 맞추어 그 원인을 반성해 봄으로 다음에 나오는 2번 문제와 자연스럽게 연결시키도록 한다.

2. 어떻게 하면 지금 현재의 대적관계를 우정관계로 발전시킬 수 있을까요? 구체적인 방법들을 생각해 봅시다.

각자의 의견을 말해본다. 위에서 예로 든 시누이의 경우에는 '새벽기도를 작정하고 시누이를 위해서 집중적으로 기도하고, 일정 기간 편지를 쓰면서 관계를 회복시켜 나가겠다.' 정도의 답이 나올 수 있겠다.

사울과 다윗의 전략적, 계획적 인간관계는 필요에 따라 언제든지 대적관계로 전락할 수 있는 관계이기 때문에, 다윗과 요나단처럼 신뢰에 근거한 인간관계를 맺어야 한다. 특히 다윗과 요나단의 관계는 언약에 기초한 영적인 관계였기 때문에 환경에 의해서 쉽게 변질되지 않았음을 알 수 있다. 따라서 인도자는 학습자들에게 그리고 '나―너'의 관계를 넘어서서 '나―하나님―너'라는 영적인 관계가 되어야 함을 강조한다. 그리고 하나님은 모세와 대면하실 때 마치 친구를 대하 듯하셨고 (출 33:11), 아브라함을 일컬어 '나의 벗'(사 41:8)이라고 하셨다는 것을 상기시켜 준다.

3. 좋은 친구를 사귀는 것보다 중요한 것은 좋은 친구가 되어주는 것입니다.
아래의 사진은 정현종이 엮은 『Friendship ―친구네 집에 가는 길은 먼 법이 없다―』라는 사진집에 소개된 사진 중 하나입니다. 베트남 쾅닌의 하롱 마을에서 오랜 친구의 임종을 함께하고 있는 한 노인의 모습을 찍은 사진입니다. 사진을 보고 느낀 점을 나누어 봅시다. 그리고 나는 과연 좋은 친구인지 생각해 봅시다. (롬 12:15 참조)

(사진 자료)

좋은 친구가 생기기를 바라기 전에 내가 먼저 좋은 친구가 되는 것이 중요하다. 좋은 친구가 되기 위해서는 내가 먼저 마음을 열고, 내가 먼저 다가가야 한다. 이때 때로는 내 마음이 받아들여지기도 하고, 때로는 무시되기도 하고, 때로는 거부되기도 하지만 포기하지 않고 마음을 열고 계속해서 좋은 관계를 맺고자 노력하는 것이 중요하다.

우리는 좋은 친구를 사귀기 원한다. 그래서 자녀들에게도 좋은 친구를 사귀라고 권면한다. 그런데 정작 중요한 것은 내가 먼저 좋은 친구가 되어야 한다는 사실이다. 내가 먼저 마음을 열고 상대방에게 진솔하게 다가가고, 상대방이 나를 이해해 주고 감싸주고 사랑해 준다면 서로 좋은 인간관계를 맺는 친구가 될 수 있다.

4. 예수님은 제자들을 친구로 여기셨고 그들에게 좋은 친구의 모델이 되셨습니다(요 15:13-15). 내가 예수님처럼 좋은 친구가 되기 위해 치러야하는 대가는 무엇일까요?

각자의 의견을 말해본다. 친구를 위해 기도했는가? 친구에게 경제적으로, 또는 정신적인 도움을 주었는가? 함께 시간을 보냈는가? 어려울 때 힘이 되어 주었는가?

예수님과 제자들의 관계는 주종관계나 사제관계(요 13:13-14)로 설명할 수 있지만, 또 형제관계(마 12:49-50, 25:40, 28:10, 요 20:17, 롬 8:29, 히 2:11-12)나 친구관계(눅 12:4, 요 15:13-15, 마 11:19)로도 표현할 수 있다. 요한복음 15장에서 예수님은 '포도나무 비유'를 말씀하시고 이어서 '목숨까지도 바치는 우정'에 대해 말씀하셨다. 즉 진정한 우정이란 포도나무 가지가 포도나무에 붙어있어야 하는 것처럼 생명까지도 함께 나눌 수 있는 아주 친밀한 관계를 의미한다.

평신도 양육교재 응답하기

우정 쌓기

이웃과 직장 동료와 교우들 중, 내가 좋은 친구가 되어주어야 할 사람은 누가 있는지 찾아서 적어보세요. 그리고, 그들에게 좋은 친구가 되기 위해 구체적으로 도울 수 있는 일을 찾아서 써 보세요.

구분	이름	좋은 친구 되어주기
이웃	김○○	가정에 초청하여 다과나 식사 교제를 나눈다.
직장동료	이○○	점심식사 후 가끔 후식을 선물한다.
교우	최○○	중보기도하면서 주중에 전화로 안부를 묻는다.

(차트 자료)

인도자는 학습자들이 실현 가능하면서 구체적이고 실제적인 목표를 정하도록 고민하게 한다. 참고로 잠언에 나타난 좋은 친구의 특징은 다음과 같다. 첫째, 끊임없이 사랑한다(잠 17:17). 둘째, 형제만큼이나 친밀하다(잠 18:24). 셋째, 선물 주기를 좋아한다(잠 19:6). 넷째, 입술에 덕이 있다(잠 22:11). 다섯째, 아픈 책망, 충성된 권고를 할 줄 안다(잠 27:6, 9). 여섯째, 환난 날에 함께한다(잠 27:10). 일곱째, 합력하여 선을 이룬다(잠 27:17).

새길말씀 외우기

사람이 친구를 위하여 자기 목숨을 버리면 이보다 더 큰 사랑이 없나니
(요 15:13)

결단의 기도

하나님을 섬기는 기독교인이라고 하면서도 다른 사람을 배려하지 못하고 좋은 인간관계를 맺지 못했음을 회개합니다. 다윗과 요나단처럼 영적인 우정을 쌓아갈 수 있게 해 주옵소서. 예수님의 이름으로 기도드립니다. 아멘.

평가항목	세부사항	그렇다	그저 그렇다	아니다
인도자의 준비도	인도자는 본 과의 교육목적을 이룰 수 있도록 충분하게 준비했습니까?			
교육목표의 성취도	1. 학습자들이 자신에게 적대적인 인간관계가 있음을 반성하였습니까? 2. 이웃, 직장 동료, 교우들에게 좋은 친구가 되어 주기로 결단했습니까?			
학습자의 참여도	학습자들이 진지하고 적극적인 태도로 성경공부에 임했습니까?			
성경공부의 분위기	성경공부를 하는 동안 학습자가 편안한 분위기를 느낄 수 있었습니까?			
기타 보완할 점	기타 보완할 점이나 건의사항이 있습니까?			

성공! 야망이냐 비전이냐

교육주제 인간적인 야망을 하나님의 비전으로 바꾸자.
배울말씀 창세기 11장 1-9절
도울말씀 습 2:8-11, 고전 13:4
새길말씀 주께서 곤고한 백성은 구원하시고 교만한 자를 살피사 낮추시리이다
　　　　　　(삼하 22:28)

이룰 목표

① 인생의 성공에는 야망과 비전이라는 양면이 있음을 안다.
② 인생의 참다운 성공은 야망이 아니라 비전을 성취하는 삶임을 깨닫는다.
③ 하나님의 나라와 그의 의를 추구하는 성공적인 삶을 산다.

교육흐름표

20 min	20 min	40 min	40 min
관심	기억	반성	응답

교육진행표

구분	관심갖기	기억하기	반성하기	응답하기
제목	진정한 성공	야망의 바벨탑	하나님의 비전	비전 세우기
내용	'해비타트 운동'의 창시자 밀라드 풀러와 자원봉사자인 지미 카터 전 미국대통령의 예화를 읽고 진정한 성공의 의미를 생각해본다.	바벨탑을 쌓았던 인간의 야망은 하나님이 원하시지 않는 것이었다.	혹 인간의 야망을 위한 바벨탑을 쌓고 있는지 반성하고, 하나님의 비전인 인류의 구원을 이룰 수 있는 방법을 생각해본다.	예수님과 바울이 하나님의 비전을 이루기 위해 결단했던 말씀을 읽고 내가 버려야 할 야망과 품어야 할 비전을 찾아서 결단한다.
방법	예화 읽고 이야기하기	성경 찾아 답하기	성경 찾아 답하기	예화 읽고 결단하기
준비물	사날평지|아라랏산사진 노아홍수-그림 밀라드풀러,지미카터사진	영적의미차트 바벨탑 그림 바벨탑 차트		
시간	20분	20분	40분	40분

말씀 이해

1. 홍수 이후

홍수 이후 분명한 사실은 온 땅에 '언어가 하나'였다는 점이다. 홍수 이후 노아와 그 자손들은 '동방으로' 이주하여 '시날 평지'에 이르게 되었다. 개역개정판 성경의 '동방으로'라는 표현이 새번역 성경에는 '동쪽에서'로 되어 있다. 서로 정반대의 방향으로 나아간 것 같은 표현이지만, 아마도 팔레스타인 중심의 세계관으로 볼 때 역시 동쪽임에는 분명하다. 즉 노아와 그 자손들은 홍수 이후 아라랏(Ararat) 산악 지역에서 동남쪽으로 옮겨 넓은 평야 지대인 시날에 정착하였다. 바벨탑 건축의 주역으로 참여한 '그들'은 누구일까? 그들은 니므롯의 주도하에 있던 함의 자손들이었다(창 10:6–12 참조).

2. 바벨탑 건축

성서학자들은 니므롯을 시날 평지에 바벨 성읍을 세워 바벨탑을 쌓은 사람이라고 본다. 그는 그곳에 여호와께 반역하는 세계 대제국을 건설하려고 하였다. 이러한 야망을 실현하기 위해서 그는 이 세 가지 요소가 필요했다. 첫째는 지리적인 요소인데, 사람들을 모아서 만날 수 있는 일종의 성읍이 필요했다. 그래서 바벨 성읍을 건설하게 된 것이다. 이는 여호와께서 홍수 이후 노아에게 주신 말씀, "생육하고 번성하여 땅에 충만하라(창 9:1)."는 말씀을 거역하고, 아울러 "온 지면에 흩어짐을 면하자!"는 기치를 내걸고 일치단결하는 것이었다. 니므롯은 하나님 없는 인간의 일치단결을 외쳤다. 둘째는 심리적인 요소인데, 그는 사람들에게 심리적으로 동기를 줄 수 있는 구심점이 필요했다. 그래서 사람들의 구심점 역할을 할 수 있는 바벨탑을 건설하게 되었다. 그는 "우리의 이름을 내자!"는 기치를 내걸고 바벨탑을 건설하였다. 셋째는 종교적인 요소인데, 니므롯은 여호와를 적극적으로 대적하려는 목적을 갖고 있었기에 "탑 꼭대기를 하늘에 닿게 하자!"는 기치를 내걸었다. 이는 적극적으로 여호와를 대적하고 부인함으로, 결국 그의 추종자들로 하여금 자신을 섬기도록 하려는 무서운 저의가 담겨 있었다.

3. 혼란의 성 바벨

니므롯이 "온 지면에 흩어짐을 면하자!"는 기치를 내걸었지만 결국 여호와께서 그들의 언어를 혼잡게 하여 그들을 온 지면에 흩으셨고, 니므롯이 "탑 꼭대기를 하늘에 닿게 하자!"는 기치를 내걸었지만 결국 여호와께서 그 도시 건설을 중단시키셨다. 그리고 니므롯이 "우리의 이름을 내자!"는 기치를 내걸었지만 결국 여호와께서 그 성을 '바벨'(Babel)이라 불리게 하셨다. 언어가 혼잡해짐으로써 사람들이 온 지면에 흩어지게 되었다. 당연한 결과이다. 고대 문명들이 거의 동시대에 전 세계에서 발전된 것은 언어가 혼잡해짐으로써 그들이 전 세계에 흩어질 수밖에 없었기 때문에 가능하였다.

용어, 지명 해설

· 니므롯 : '우리가 대적할 것이다'라는 의미이다. 그는 아주 "용감한 사냥꾼"이었다. 그는 단지 짐승의 사냥에만 능한 사람이 아니었다. 그가 말하는 "여호와 앞에서"라는 표현에는 부정적이고 적대적인 의미가 담겨 있다. 즉 그가 여호와를 적극적으로 대적하는 힘 있는 사냥꾼이라는 의미이다. 그는 폭력과 힘, 술책으로 사람들을 사냥하여 여호와를 대적하는 나라를 건설하려 했던 용감하고 특이한 사냥꾼(폭군)이었다.

· 시날 평야 : 바벨론이 위치한 비옥한 충적토 지역이다. 고고학적으로 볼 때, 시날 평야 지대는 인류 문명지의 요람으로 고도의 문명을 건설하기에 충분한 지리적, 자연적 환경을 갖추고 있었다.

· 바벨탑 : 돌 대신 벽돌로, 진흙 대신 역청으로 하는 건축 방법을 사용하였는데, 아마도 벽돌신전(Ziggurat) 같은 것이었을 것이다. 그리고 이 탑은 그 후 바벨론과 세계 여러 나라에 세워진 신전들과 신전 탑들의 원형이 되었다.

· 언어의 혼잡 : 인류 역사에 있어서 처음 겪는 아주 기이한 사건이었다. 그들은 상호 간에 의사소통이 불가능하게 되었다. 본래 인간의 언어 기능은 일차적으로 하나님과 인간 사이의 의사소통을 가능케 하고, 이차적으로 인간과 인간 사이의 의사소통을 가능하게 해 준 것이었다. 그런데 인간이 하나님을 대적하려 하자, 하나님께서 언어 혼잡이라는 심판을 내리신 것이다.

관심갖기

진정한 성공

다음은 사랑의 집짓기 운동과 관련된 일화입니다. 읽고 주어진 질문에 답해 봅시다.

밀라드 풀러 　(사진 자료)
(국제 해비타트 창립자)

밀라드 풀러(Millard Fuller)는 사랑의 집짓기 운동으로 우리에게 잘 알려진 해비타트운동의 창시자이다. 기독교 가정에서 가난하게 자란 그는 변호사가 된 후 돈을 최고로 알며 부자가 되는 것을 인생의 목표로 삼았다. 그런데 어느 날, 그의 아내 린다가 사랑을 베푸는 것을 포기한 남편에게 실망하고여 가출해 버렸다. 충격을 받은 그는 집 한 채 이외에 모든 재산을 팔아 자선단체에 기증한 뒤, 아프리카에서 선교사 일을 하였다. 그리고 3년 후엔 고향인 미국 조지아주로 돌아와 흑인 빈민들을 보살피면서 봉사와 나눔의 삶을 살았다. 물론 아내와의 사랑도 회복하였다. 그는 1976년 국제해비타트운동본부를 설립하여 전 세계에 사랑의 집짓기 운동을 벌였다.

지미 카터(Jimmy Carter) 전 미국대통령은 1984년부터 이 운동에 자원봉사자로 참여하여 사랑의 집짓기에 적극 나서고 있다. 그는 성공한 대통령은 아니었다. 그는 '능력이 없다' 혹은 '우유부단하다'는 평가를 받은 실패한 대통령이었다. 하지만 그는 오히려 퇴임 이후에 더 각광을 받기 시작하였다. 바로 그의 '섬기는 삶'과 '나누어 주는 삶' 때문이었다.

(사진 자료)
지미 카터(전 미국 대통령)와 부인 로잘린 여사
2013년 10월 8일자 오클랜드
(미 캘리포니아)=AP/뉴시스

1. 밀라드 풀러의 인생에서 진정 성공한 시점은 언제라고 생각하나요? 그 이유는 무엇인가요?

밀라드 풀러가 야망을 향해 달려갔을 때에는 그의 인생에 불행이 찾아왔지만, 그가 인생을 돌이켜 비전을 향해 나아갔을 때에는 그의 인생에 행복이 찾아왔다.

야망(ambition)과 비전(vision)은 비슷해 보이지만 전혀 다른 말이다. 야망과 비전은 성공의 서로 다른 두 가지 측면이라고 할 수 있다. 야망의 사전적인 의미는 '크게 무엇을 이루어 보겠다는 희망'을 의미한다. 반면에 비전은 하나님께서 보여주시는 일을 행하는 영적 통찰력을 의미한다. 야망을 이루려면 비전을 포기해야 하고 비전을 이루려면 야망을 포기해야 한다. 그런데 많은 사람들이 자신의 야망을 위해 일하면서 그것을 하나님의 비전이라고 포장하는 경우가 허다하다.

2. 세상적으로 보면, 대통령이 되었다는 것은 굉장한 성공이라고 할 수 있습니다. 그런데, 지미 카터의 생애를 두고 볼 때, 진정한 성공은 어디에 있다고 할 수 있을까요?

하나님의 비전을 위해 섬기는 삶을 살 때

사회의 어떤 분야에서 정상에 선다는 것은 결코 쉬운 일이 아니다. 세상의 눈으로 보면 대통령의 자리에 오르게 되었다는 것은 최고의 영광일 수 있다. 인생에서 성공했다고 모두가 인정할 것이다. 그러나 정상에 섰다고 해서 인생에 성공했다고 말할 수는 없다. 정말 중요한 것은 하나님의 비전을 이루는 삶이 참된 성공을 이룬 삶이라는 점이다.

야망의 바벨탑

배울말씀인 창세기 11장 1–9절과 주어진 성경말씀을 읽고 질문에 답해 봅시다.

1. 바벨탑 건축의 주역이었던 니므롯(창 10:8–14)이 바벨탑을 건축하면서 세 가지 기치(야망)를 내걸었습니다. 거기에 담긴 영적인 의미는 무엇일까요? (창 11:4)

세 가지 기치	영적인 의미
탑 꼭대기를 하늘에 닿게 하자!	여호와를 대적하는 추종세력을 만들겠다는 의미이다.
우리의 이름을 내자!	하나님 없는 세상, 사람이 중심인 세상을 만들겠다는 의미이다.
온 지면에 흩어짐을 면하자!	하나님의 말씀(창 9:1)을 거역하고 사람들끼리 일치단결하자는 의미이다.

(차트 자료)

니므롯은 바벨탑을 건축하기 위해 세 가지 기치를 내걸었다. 첫째는 종교적인 요소로, 여호와를 적극적으로 대적하려는 목적을 갖고 "탑 꼭대기를 하늘에 닿게 하자!"는 기치를 내걸었다. 이는 그가 적극적으로 여호와를 대적하고 여호와를 부인함으로, 결국 자신의 추종자들로 하여금 자신을 섬기도록 하려는 무서운 저의였다. 둘째는 심리적인 요소인데, 사람들에게 심리적으로 동기를 줄 수 있는 구심점이 필요하였기 때문에 "우리의 이름을 내자!"는 기치를 내걸었다. 그래서 사람들의 구심점 역할을 할 수 있는 바벨탑을 건설하게 되었다. 셋째는 지리적인 요소로, 사람들을 회집하여 만날 수 있는 일종의 성읍이 필요했다. 그래서 바벨 성읍을 건설하게 된 것이다. 이는 여호와께서 홍수 이후 노아에게 주신 말씀, "생육하고 번성하여 땅에 충만하라"(창 9:1)는 말씀을 거역하고, 아울러 "온 지면에 흩어짐을 면하자!"는 기치를 내걸고 일치단결하는 것이었다. 니므롯은 하나님 없는 인간의 일치단결을 외쳤다.

2. 결국 인간의 추악한 야망이 초래한 세 가지 결과는 무엇일까요? (창 11:8-9)

(그림 자료)

첫째, 바벨탑 건축이 실패했다.
둘째, 사람들의 언어가 혼잡해졌다.
셋째, 사람들이 온 지면에 흩어졌다.

바벨탑을 건축하고자 했던 인간의 야망은 결국 '바벨'이 되고 말았다. '바벨'이라는 말은 '혼잡'을 의미한다. 다음과 같은 세 가지 결과를 초래했다. 첫째는 바벨탑 건축이 실패했다는 점이고, 둘째는 사람들의 언어가 혼잡하게 되었다는 점이다. 그리고 셋째는 사람들이 온 지면에 흩어지게 되었다는 점이다. 참고로 위의 그림은 "바벨탑"이라는 명화로, 네덜란드 화가 피터 브뤼겔(Pieter Brueghel)이 창세기 11장을 배경으로 그린 작품이다.

3. 인간의 야망이 실패한 직접적인 원인은 무엇일까요? (창 11:5-7)

인간의 계획이 하나님의 뜻에 합당하지 않았기에 하나님이 주권적으로 개입하셨다.

니므롯이 "온 지면에 흩어짐을 면하자!"는 기치를 내걸자 하나님께서 그들의 언어를 혼잡케 하여 그들을 온 지면에 흩으셨고, 니므롯이 "탑 꼭대기를 하늘에 닿게 하자!"는 기치를 내걸자 하나님이 그 도시 건설을 중단시키셨다. 그리고 니므롯이

"우리의 이름을 내자!"는 기치를 내걸자 하나님이 그 성을 '바벨'(Babel)이라 불리게 하셨다. 결과적으로 언어가 혼잡해져서 사람들이 온 지면에 흩어지게 되었다. 당연한 결과이다. 인도자는 학습자들에게 '인생의 성공과 실패는 하나님의 손에 달려 있다. 따라서 인간의 야망이 아니라 하나님의 비전을 품는 것이 중요하다'는 사실을 강조하도록 한다.

하나님의 비전

1. 바벨탑은 하나님의 비전과 대립되는 인간의 야망이었습니다. 오늘 우리 시대의 바벨탑은 무엇일까요?

세 가지 기치	오늘 우리 시대의 바벨탑
탑 꼭대기를 하늘에 닿게 하자!	과학만능주의 / 인본주의
우리의 이름을 내자!	성공주의 / 업적주의
온 지면에 흩어짐을 면하자!	집단이기주의 / 인본주의

(차트 자료)

각자의 의견을 말해본다. 예를 들면, '탑 꼭대기를 하늘에 닿게 하자'는 주장은 현대의 과학만능주의나 인본주의를, '우리의 이름을 내자'는 주장은 현대의 성공주의나 업적주의를, 그리고 '온 지면에 흩어짐을 면하자'는 주장은 현대의 집단이기주의 등을 말해준다고 할 수 있다. 이러한 현상들 모두가 다 인간의 바벨탑에 불과하다.

2. 창세기 11장 전체는 인간의 야망과 하나님의 비전을 선명하게 대조해 주고 있습니다. 바벨탑 사건(창 11:1-9)이 인간의 야망을 대변하는 것이라고 한다면, 하나님의 비전은 무엇일까요? (창 11:27-32)

아브람(아브라함)의 집안을 통해 인류를 구원하려 하심

27-32절에는 아브람의 어머니 데라의 족보가 나타나 있다. 하나님의 비전은 아브라함을 택하심으로 인류를 구원 계획에 있다. 구원의 문제에 있어서 창세기 11장은 아주 중요한 영적 교훈을 준다. 창세기 11장에 기록된 바벨탑 사건과 아브라함의 선택은 '인간의 공로로 구원을 얻을 수 있느냐 아니면 하나님의 주권적인 은혜로 구원을 얻느냐'의 문제에 대해 해답을 제시해 준다.

3. 인류를 구원하시려 하나님의 비전과 대립되는 나의 바벨탑을 살펴봅시다. 또 나는 어떻게 하면 하나님의 비전을 이룰 수 있을까요?

각자의 의견을 말해본다. 상급 교육 기관의 학위·자격증에 대한 지나친 욕심, 출세에 대한 욕심 등이 나의 바벨탑이 될 수 있다. 우리는 다른 무엇보다 먼저 하나님의 뜻을 깨닫고, 하나님께서 이루시고자 하는 비전을 위한 일에 우선순위를 두고 신실한 마음으로 임해야 한다.

반성하기 1번 문제를 통해 '우리 시대의 바벨탑'을 살펴보았다면 이제는 좀 더 구체적으로 학습자 개개인에게 그것을 적용하여 '나의 바벨탑'을 찾도록 한다. 특히 인류 구원 계획이라는 하나님의 비전에 역행하거나 무관했던 그동안의 삶의 모습을 반성하고 하나님의 비전을 이루기 위해 할 수 있는 구체적인 방법들을 모색하도록 해야 한다.

평신도 양육교재
응답하기

비전 세우기

1. 다음은 사법시험준비생이었던 한 형제의 간증입니다. 이 형제처럼 혹시 야망과 비전 사이에서 고민하고 있지는 않습니까? 내가 품어야 될 비전은 무엇일까요? (마 6:33, 마 28:18-20)

> 주님을 알고 난 뒤 고민 하나가 늘 따라다녔습니다. 나는 왜 사시에 목숨을 걸고 있나? 전 그 이유를 잘 알고 있었습니다. 가난했던 가정, 어떻게든 남부럽잖은 권세를 가져야 한다는 야심, 난 해낼 수 있다는 자신감, 그래서 여기까지 온 것입니다. 그런데 바로 그것이 주님 앞에서 저를 부끄럽게 만들었습니다.
>
> 그때 마침 알게 된 것이 보호관찰사란 제도입니다. 죄를 범한 청소년들이 재범하지 않도록 돕는 일, 나처럼 어렵게 자란 청소년들에게 꼭 필요한 일, 처음엔 그저 좋은 일이다 정도로만 생각했는데 그 생각이 제 마음을 놓지 않았습니다. 그리고 지난 주일, 그러니까 고난주일 예배 때였습니다. 헌금시간이 되었는데 갑자기 이런 마음이 생기더군요. '나를 살리기 위해 당신을 내어주신 하나님께 나는 무엇을 드릴 수 있을까?' 이런 생각을 하며 으레 지갑을 꺼내느라 양복 안주머니에 손을 넣었습니다. 그때 사시 수험표가 지갑과 함께 제 손에 잡혔습니다. 동시에 보호관찰사가 떠올랐고요. '그래, 이거야.' 하고 결정했습니다. 수험표를 헌금주머니에 담아 버렸지요. 제게는 한낱 야망에 불과한 법관 대신 보호관찰사가 되기로 작정한 것입니다. 예배당을 나오며 바라본 봄 하늘이 그렇게 아름다운 줄 예전에는 정말 몰랐습니다.

각자의 상황에 따른 생각을 들어본다.

지금 당장 대단한 것을 결단하라고 재촉하는 것은 아니다. 이 과정을 통해서 각자가 하나님의 비전보다 더 중요하게 생각하고 있는 것이 있지 않은가를 되돌아보는 시간을 갖도록 한다. 우리가 품어야 할 진정한 비전은 하나님의 나라와 하나님의 의이며, 영혼을 구원하는 일이다. 성경은 다음과 같이 말씀하신다. "그런즉 너희는 먼저 그의 나라와 그의 의를 구하라. 그리하면 이 모든 것을 너희에게 더하시리라(마 6:33)." "예수께서 나아와 말씀하여 이르시되 하늘과 땅의 모든 권세를 내게 주셨으니 그러므로 너희는 가서 모든 민족을 제자로 삼아 아버지와 아들과 성령의 이름으로 세례를 베풀고 내가 너희에게 분부한 모든 것을 가르쳐 지키게 하라. 볼지어다 내가 세상 끝날까지 너희와 항상 함께 있으리라 하시니라(마 28:18-20)."

2. 하나님의 비전을 세우기 위해 세속적인 야망은 반드시 포기되어야 합니다. 이를 위해 예수님(눅 22:42)과 바울(빌 3:7-9)의 결단을 참고하여 개인적으로 버려야 할 야망과 품어야 할 비전을 구체적으로 작성해 봅시다.

예수님의 결단 (눅 22:42 새번역)	바울의 결단 (빌 3:7-9 새번역)
아버지, 만일 아버지의 뜻이면, 내게서 이 잔을 거두어 주십시오. 그러나 내 뜻대로 되게 하지 마시고, 아버지의 뜻대로 되게 하여 주십시오.	나는 내게 이로웠던 것은 무엇이든지 그리스도 때문에 해로운 것으로 여기게 되었습니다. 그뿐만 아니라, 내 주 예수 그리스도를 아는 지식이 가장 고귀하므로, 나는 그밖의 모든 것을 해로 여깁니다. 나는 그리스도 때문에 모든 것을 잃었고, 그 모든 것을 오물로 여깁니다. 나는 그리스도를 얻고, 그리스도 안에 있는 사람으로 인정받으려고 합니다. 나는 율법에서 생기는 나 스스로의 의가 아니라, 그리스도를 믿는 믿음으로 말미암아 오는 의, 곧 믿음에 근거하여, 하나님에게서 오는 의를 얻으려고 합니다.

> **버려야 할 야망**
>
> 나는 예수님을 믿기 전에 추구했던 물질과 명예와 권력과 지식과 쾌락에 대한 야망을 바울처럼 배설물로 여길 것을 다짐한다.
>
> **품어야 할 비전**
>
> 나는 예수님과 복음을 위해 나의 인생 전부를 헌신하여 의미 있고 보람 있는 인생을 살 것을 다짐한다.

인도자는 학습자들로 하여금 그동안 세상적으로 추구해 왔던 것이 무엇인지, 예수님을 믿은 이후에도 여전히 버리지 못한 야망이 무엇인지 되돌아 보게 하고 예수님과 복음을 위해 비전을 품을 수 있도록 도전하는 시간이 되게 한다.

새길말씀 외우기

주께서 곤고한 백성은 구원하시고 교만한 자를 살피사 낮추시리이다 (삼하 22:28)

결단의 기도

사랑의 하나님, 그동안 우리는 성공이라는 미명 아래 하나님의 비전과 우리 자신의 야망을 너무 혼동하며 살았음을 회개합니다. 이제는 세상의 야망을 버리고 하나님의 비전을 성취하는 사람으로 살게 해 주옵소서. 예수님의 이름으로 기도드립니다. 아멘.

평가항목	세부사항	그렇다	그저 그렇다	아니다
인도자의 준비도	인도자는 본 과의 교육목적을 이루기 위해 충분히 준비했습니까?			
교육목표의 성취도	학습자들이 그동안 세속적인 야망의 바벨탑을 쌓아왔음을 반성하고, 진정으로 성공한 인생을 살기 위해, 그리고 하나님의 비전을 이루기 위해 구체적으로 결단을 했습니까?			
학습자의 참여도	학습자들이 진지하고 적극적인 태도로 성경공부에 임했습니까?			
성경공부의 분위기	성경공부를 진행하는 동안 분위기가 자연스럽고 편안했습니까?			
기타 보완할 점	기타 보완할 점이나 건의사항이 있습니까?			

MEMO

시험! 유혹이냐 연단이냐

교육주제 시험을 유혹이 아닌 연단의 기회로 삼자.

배울말씀 마태복음 4장 1–11절

도울말씀 고후 13:5, 약 1:12–15, 벧전 1:6, 히 12:1–13, 롬 5:3–4, 눅 22:46

새길말씀 사람이 감당할 시험밖에는 너희가 당한 것이 없나니 오직 하나님은 미쁘사
너희가 감당하지 못할 시험 당함을 허락하지 아니하시고 시험 당할 즈음에
또한 피할 길을 내사 너희로 능히 감당하게 하시느니라 (고전 10:13)

이룰 목표

① 예수님이 받으신 시험은 물질과 명예와 권력에 대한 마귀의 시험임을 안다.

② 마귀의 유혹을 신앙 연단의 기회로 삼을 수 있음을 깨닫는다.

③ 지금 현재 겪고 있는 시험을 분석하여 시험을 이기는 방법을 찾는다.

교육흐름표

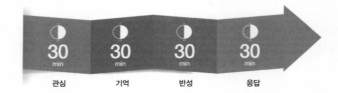

| 관심 | 기억 | 반성 | 응답 |

교육진행표

구분	관심갖기	기억하기	반성하기	응답하기
제목	시험-유혹과 연단	예수님의 시험	기독교인의 시험	시험에서의 승리
내용	예화를 읽고 시험(test)에는 연단(trial)과 유혹(temptation)이 있음을 확인한다.	예수님은 공생애를 시작하시면서 마귀에게 물질, 명예, 권력의 유혹의 시험을 당하셨고, 하나님의 말씀으로 그것을 물리쳤다.	기독교인은 육신의 정욕, 안목의 정욕, 이생의 자랑의 시험에서 자유롭기 위해 말씀으로 무장해야 한다.	시험에서 승리하기 위한 영적 무장의 내용을 성경에서 확인하고 성령의 도우심을 위해 5일간 집중기도하기
방법	예화 읽고 이야기하기	성경 찾아 답하기	성경 찾아 답하기	성경 찾아 읽고 기도하기
준비물	시험산 사진	성경책	성경책 기독교인의 시험 차트	성경책 전신갑주 그림 5일간 기도 차트
시간	30분	30분	30분	30분

말씀 이해

1. 성령에 이끌리심 (마 4:1-2)

'그때'(1절)는 예수님이 세례를 받으신 때를 가리킨다. 예수님은 성령님에게 '이끌리어' 광야로 가셨다. 여기서 '이끄셨다'는 표현은 성령님의 강권적인 역사를 의미한다(막 1:12). 예수님은 40일을 밤낮으로 금식을 하시면서 아주 혹독한 영적 훈련을 받으셨다. 예수님은 세례를 통해 이미 하나님의 아들 메시아로 알려지셨지만(마 3:16-17), 이제는 마귀의 시험을 영적인 훈련으로 승화하여 당신이 하나님의 아들이심을 세상에 입증하는 기회로 삼으셨다.

2. 마귀의 시험 (마 4:3-10)

마귀의 첫 번째 시험(3-4절)은 "네가 만일 하나님의 아들이어든 명하여 이 돌들로 떡덩이가 되게 하라(3절)."는 것이었다. 일반적으로 하나님의 아들이 굶주린다는 것은 쉽게 납득이 가지 않는 일이다. 그래서 마귀는 예수님을 유혹할 때, 하나님의 아들이라면 그 능력으로 굶주림이라는 당면한 문제를 해결해 보라고 하였다. 마귀는 첫 번째 시험을 통해 예수님을 '떡으로만 사는 인생, 돈만을 위해 사는 인생, 물질에 매여 사는 인생, 경제적인 문제에 얽매인 인생'으로 만들고자 했다.

마귀의 두 번째 시험(5-7절)은 성전과 성경을 이용하여 시험할 정도로 첫 번째 시험보다 훨씬 더 교묘하고 대담한 시험이었다. 마귀는 시험의 장소를 광야에서 성전으로 옮겼다. 마귀는 예수님을 성전 꼭대기에 세우고 "네가 만일 하나님의 아들이어든 뛰어내리라(6절)."라고 시험하였다. 마귀는 두 번째 시험을 통해 예수님을 '성전과 성경을 이용하여 사리사욕을 채우는 인생, 사람들의 인기(명예)만을 추구하는 인생, 마술적인 초능력을 행하는 스타'로 만들고자 했다.

마귀의 세 번째 시험(8-10절)은 마귀의 의도가 노골적으로 드러나 있는 핵심적인 시험이었다. 마귀는 시험의 장소를 성전에서 지극히 높은 산(사진 자료)

으로 옮겼다. 그리고 예수님에게 천하만국과 그 영광을 보여면서 "만일 내게 엎드려 경배하면 이 모든 것을 네게 주리라(9절)." 라고 하면서 예수님을 시험하였다. 마귀는 단도직입적으로 자신을 신격화할 것을 요구했다. 마귀는 세 번째 시험을 통해 예수님을 '세상의 권력과 영광만을 추구하는 인생, 세상의 왕을 섬기는 우상숭배자, 자기 자신을 신격화하는 세상의 권력자'로 만들고자 했다.

3. 예수님의 승리 (마 4:11)

마귀의 세 가지 시험은 결국 물질주의, 인기주의, 권력주의라는 시험이었다. 이러한 시험은 아담과 하와가 겪은 시험이기도 했다. 선악과는 "먹음직도 하고 보암직도 하고 지혜롭게 할 만큼 탐스럽기도 한 나무"(창 3:6)였다. 사도 요한은 "육신의 정욕과 안목의 정욕과 이생의 자랑"(요일 2:16)이라고 표현하기도 했다. 마귀가 이러한 시험들을 통해 궁극적으로 노린 것은 예수님으로 하여금 죄를 짓게 함으로써 영원히 인류를 위해 속죄를 할 수 없도록 하려는 데 있었다. 예수님은 마귀의 시험을 이기셨다. 마귀의 시험을 통해 친히 하나님의 아들 메시아이심을 입증하셨다. 예수님은 마귀의 시험을 이기기 위해, 첫째, 기도로 깨어 있으셨고, 둘째, 하나님의 말씀으로 무장하셨고, 셋째, 성령으로 충만하셨다.

> **용어, 지명 해설**
>
> · 마귀(1절) : '시험하는 자'(3절)이다. 마귀는 공중의 권세 잡은 자(엡 2:2)이고, 거짓의 아비이며(요 8:44), 이 세상의 왕(요 14:30)이다.
>
> · 시험(1절) : 시험(test)의 성격에는 두 가지 측면이 있다. 연단(trial)으로서의 시험(긍정적인 측면)과 유혹(temptation)으로서의 시험(부정적인 측면)이 있다. 전자는 궁극적으로 하나님께서 우리들을 온전한 사람으로 인도하시고자 하는 시험의 과정(약 1:2-4)인 반면, 후자는 사탄이 적극적으로 개입하여 우리를 패배시키고자 하는 시험의 과정(약 1:13-15)이다.

시험-유혹과 연단

아래의 글들을 읽고 주어진 질문에 답해 봅시다.

〈이야기 1〉 밴더빌트 대학에 경건한 그리스도인이라 일컬음을 받는 수학 교수인 메디슨 쎄럿이 있었다. 그는 학생들에게 시험지를 내줄 때마다 항상 이렇게 말했다고 한다. "나는 오늘 여러분에게 두 가지 시험지를 내줍니다. 하나는 수학이라는 시험지이고 다른 하나는 정직이라는 시험지입니다. 여러분이 수학이라는 시험에 통과하는 것은 여러분에게 일시적 성공을 약속합니다. 그러나 정직이라는 시험에 통과하지 못하면 여러분의 삶에서 진정한 성공을 기대할 수가 없습니다. 여러분은 수학이라는 시험에 실패하고도 훌륭하게 인생을 살아갈 수 있지만, 만약 정직이라는 시험에 실패한다면 보람 있는 삶을 기대할 수 없습니다."

〈이야기 2〉 "그 일 후에 하나님이 아브라함을 시험하시려고 그를 부르시되 아브라함아 하시니 그가 가로되 내가 여기 있나이다 여호와께서 가라사대 네 아들 네 사랑하는 독자 이삭을 데리고 모리아 땅으로 가서 내가 네게 지시하는 한 산 거기서 그를 번제로 드리라 아브라함이 아침에 일찍이 일어나 나귀에 안장을 지우고 두 사환과 그 아들 이삭을 데리고 번제에 쓸 나무를 쪼개어 가지고 떠나 하나님의 자기에게 지시하시는 곳으로 가더니 제 삼일에 아브라함이 눈을 들어 그곳을 멀리 바라본지라"(창 22:1-4)

〈이야기 3〉 "저녁때에 다윗이 그 침상에서 일어나 왕궁 지붕 위에서 거닐다가 그곳에서 보니 한 여인이 목욕을 하는데 심히 아름다워 보이는지라 다윗이 보내어 그 여인을 알아보게 하였더니 고하되 그는 엘리암의 딸이요 헷 사람 우리아의 아내 밧세바가 아니니이까 다윗이 사자를 보내어 저를 자기에게로 데려 오게 하고 저가

> 그 부정함을 깨끗게 하였으므로 더불어 동침하매 저가 자기 집
> 으로 돌아가니라 여인이 잉태하매 보내어 다윗에게 고하여 가
> 로되 내가 잉태하였나이다 하니라"(삼하 11:2-5)

1. 학창시절 때 '정직이라는 시험지' 때문에 고민해 본 적은 없는지 서로 나누어 봅
   시다.

   각자의 경험을 말해본다.

   학창시절을 보내면서 거의 모든 사람들이 '커닝'이라는 부정행위를 해 본 경험이 있
   을 것이다. 우선 당장 시험 성적을 올리기 위해 아무런 죄의식이나 문제의식 없이
   행했던 부정행위였다. 이 이야기를 통해 그것이 과목의 시험을 치르는 시험지이기
   이전에 우리의 정직을 시험하는 '정직의 시험지'였음을 알게 한다.

2. 아브라함의 시험과 다윗의 시험은 어떤 차이가 있을까요?
   (야고보서 1장 2-3절과 13-15절을 비교하라.)

   아브라함의 시험은 시련(연단)이고(약 1:2-3), 다윗의 시험은 유혹이다(약 1:13-15).

   인도자는 학습자들에게 시험(test)의 성격에는 두 가지 측면이 있음을 설명해 준
   다. 시험에는 연단(trial)으로써의 시험(긍정적인 측면)과 유혹(temptation)으로써
   의 시험(부정적인 측면)이 있다. 전자는 궁극적으로 하나님께서 우리를 온전한 사
   람으로 인도하시고자 하는 시험의 과정(약 1:2-4)인 반면, 후자는 사탄이 적극적
   으로 개입하여 우리를 패배시키고자 하는 시험의 과정(약 1:13-15)이다.

평신도 양육교재

기억하기

예수님의 시험

배울말씀인 마태복음 4장 1-11절을 읽고 주어진 질문에 답해 봅시다.

1. 예수님은 공생애를 시작하시면서 누구에게 이끌리어 마귀에게 시험을 받으셨을까요? 그리고 예수님은 시험이라는 것을 어떻게 이해하셨기에 아주 적극적인 자세로 광야로 나아가셨을까요? (마 4:1)

   예수님은 성령에 이끌리어 광야에서 마귀의 시험을 받으셨고, 그 시험을 연단으로 여기셨다.

   예수님은 성령에 이끌리어 마귀에게 시험을 받으셨다. 성령은 마귀의 유혹에 빠뜨리시는 분이 결코 아니시다(약 1:13). 단지 뜻하신 바가 있었을 뿐이다. 예수님이 적극적인 자세로 광야로 나아가신 이유는 시험이라는 것이 유혹이기도 하지만 다른 한편으로는 연단이었기 때문이었다.

2. 첫 번째 시험을 통해 마귀가 의도한 것은 무엇이고, 예수님이 하신 말씀은 무엇일까요? (마 4:3-4)

   마귀는 예수님이 떡만 의지하는 인생이 되도록 하기 위해 시험했다. 예수님은 "사람이 떡으로만 살 것이 아니요 하나님의 입으로부터 나오는 모든 말씀으로 살 것이라."라고 말씀하셨다.

   마귀는 첫 번째 시험을 통해 예수님을 '떡으로만 사는 인생, 돈만을 위해 사는 인생, 물질에 매여 사는 인생, 경제적인 문제에 얽매인 인생'으로 만들고자 했다. 그러나 예수님은 마귀의 첫 번째 시험을 하나님의 말씀으로 물리치셨다. 예수님이 인용하신 말씀은 "사람이 떡으로만 살 것이 아니요, 하나님의 입으로 나오는 모든 말씀으로 살 것이라(신 8:3)."이다.

3. 두 번째 시험을 통해 마귀가 의도한 것은 무엇이고, 예수님이 하신 말씀은 무엇일까요? (마 4:5-7)

마귀는 예수님이 인기만 추구하는 인생이 되도록 하기 위해 시험했다. 예수님은 "주 너의 하나님을 시험하지 말라."라고 말씀하셨다.

마귀는 두 번째 시험을 통해 예수님을 '성전과 성경을 이용하여 사리사욕을 채우는 인생, 사람들의 인기(명예)만을 추구하는 인생, 마술적인 초능력을 행하는 스타'로 만들고자 했다. 그러나 예수님은 마귀의 두 번째 시험도 하나님의 말씀으로 물리치셨다. 예수님이 인용하신 말씀은 "주 너의 하나님을 시험하지 말라(신 6:16)."이다.

4. 세 번째 시험을 통해 마귀가 의도한 것은 무엇이고, 예수님이 하신 말씀은 무엇일까요? (마 4:8-10)

마귀는 예수님이 세상 영광만을 추구하는 인생이 되도록 하기 위해 시험했다. 예수님은 "주 너의 하나님께 경배하고 다만 그를 섬기라."라고 말씀하셨다.

마귀는 세 번째 시험을 통해 예수님을 '세상의 권력과 영광만을 추구하는 인생, 세상의 왕을 섬기는 우상숭배자, 자기 자신을 신격화하는 세상의 권력자'로 만들고자 했다. 그러나 예수님은 마귀의 세 번째 시험도 하나님의 말씀으로 물리치셨다. 예수님이 인용하신 말씀은 "주 너의 하나님께 경배하고 다만 그를 섬기라(신 6:13)."이다.

기독교인의 시험

1. 성경구절을 찾아 예수님이 받으신 시험을 아담의 시험과 비교해 보고, 아울러 사도 요한이 표현한 마귀의 세 가지 시험과 연결해서 정리해 보세요.

시험의 내용	마 4:3-10	창 3:6	요일 2:16
물질에 대한 시험	"네가 만일 하나님의 아들이어든 명하여 이 돌들이 떡덩이가 되게 하라"(3절)	먹음직도 하다	육신의 정욕
명예에 대한 시험	"네가 만일 하나님의 아들이어든 뛰어내리라"(6절)	보암직도 하다	안목의 정욕
권력에 대한 시험	"만일 내게 엎드려 경배하면 이 모든 것을 네게 주리라"(9절)	지혜롭게 할 만하다	이생의 자랑

(차트 자료)

예수님이 받으신 세 가지 시험은 '물질에 대한 시험, 명예(인기)에 대한 시험, 권력에 대한 시험'이었다. 아담이 받은 세 가지 시험도 역시 '먹음직도 하고, 보암직도 하고, 지혜롭게 할 만큼 탐스럽기도 한' 유혹이었다. 사도 요한은 이 세 가지를 '육신의 정욕, 안목의 정욕, 이생의 자랑'이라고 표현했다. 인도자는 학습자로 하여금 '마귀가 끊임없이 우리를 동일하게 시험하고 있다'는 사실을 상기하게 한다.

> 〈창 3:6〉
> 여자가 그 나무를 본즉 먹음직도 하고 보암직도 하고 지혜롭게 할 만큼 탐스럽기도 한 나무인지라 여자가 그 열매를 따먹고 자기와 함께 있는 남편에게도 주매 그도 먹은지라
>
> 〈요일 2:16〉
> 이는 세상에 있는 모든 것이 육신의 정욕과 안목의 정욕과 이생의 자랑이니 다 아버지께로부터 온 것이 아니요 세상으로부터 온 것이라

2. 기독교인도 시험에서 자유로울 수 없다는 것을 가르치시기 위해, 예수님은 우리에게 어떻게 기도하라고 하셨나요? (마 6:13)

예수님은 "우리를 시험에 들게 하지 마시옵소서."라고 가르치셨다.

"우리가 시험을 받게 하지 마옵소서."라고 표현하지 않으시고 "우리를 시험에 들게 하지 마시옵소서."라고 표현하셨다. 기독교인이라고 해서 시험을 피할 수 있는 것은 아니다. 오히려 우리가 하나님의 자녀이고 하나님께 속한 자이기 때문에 이 땅에 사는 동안 마귀의 시험을 피할 수 없는 것이다. 시험을 받는 것 자체는 죄가 아니다. 그러나 우리의 연약함이나 욕심 때문에 시험에 빠져서는 안 된다.

3. 예수님은 마귀의 세 가지 시험을 무엇으로 물리치셨나요? 그리고 사도 바울은 마귀와 싸워 이길 수 있는 공격용 무기인 하나님의 말씀을 무엇이라고 표현했나요? (엡 6:17)

예수님은 하나님의 말씀으로 마귀의 시험을 물리치셨다. 사도 바울은 하나님의 말씀을 성령의 검이라고 표현했다.

인도자는 학습자들에게 '예수님은 성령(마 3:16, 4:1)과 기도(마 4:2)와 말씀(마 4:4, 7, 10)으로 마귀의 시험을 이기셨다'는 사실을 상기시키도록 하자.

4. 말씀 자체가 되시는 예수님이 하나님의 말씀으로 마귀를 물리치실 때, 마귀도 하나님의 말씀(시 91:11-12)을 인용하면서 예수님을 시험했다는 사실이 우리에게 알려주는 것은 무엇인가요?

철저히 하나님의 말씀으로 무장해야만 된다.

마귀는 말씀 자체가 되시는 예수님을 감히 하나님의 말씀을 인용해서 시험하려 했다. 우리는 그동안 하나님의 말씀을 소홀히 한 점을 반성하고 더욱 철저하게 하나님의 말씀으로 무장해야만 된다. 또 다른 교훈은 마귀가 하나님의 말씀으로 얼마든지 우리를 시험할 수 있다는 사실이다. 예를 들어 설교를 듣고 시험에 드는 경우가 의외로 많다. 이단은 오히려 하나님의 말씀을 자의적으로 해석해서 믿는 사람들을 유혹한다. 성경을 어설프게 알면 오히려 그들이 말하는 것이 거짓이 아닌 진리처럼 여겨지게 되는 것이다. 우리가 '교훈과 책망과 바르게 함과 의로 교육'(딤후 3:16) 받기 위해 귀 기울여 설교를 듣고 성경을 공부한다면 쉽게 시험에 들지 않을 것이다.

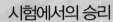
1. 시험이 올 때 유혹을 물리치고 오히려 그것을 연단의 기회로 삼기 위해 어떻게
   해야 할까요? 성경을 통해 예수님의 세 가지 가르침을 찾아봅시다.

   마 4:1 성령의 충만함을 받고 성령의 인도를 받아야 한다.

   마 4:2 기도해야 한다.

   마 4:4, 7, 10 하나님의 말씀으로 무장해야 한다.

   예수님은 마귀의 시험을 이기기 위해, 첫째, 기도로 깨어 있으셨다. 40일을 금식
   하시면서 기도하셨다. 둘째, 하나님의 말씀으로 무장하셨다. 마귀의 시험이 올 때
   마다 예수님은 하나님의 말씀을 인용하면서 시험을 물리치셨다. 시험이 올 때 하
   나님의 말씀을 보는 것도 중요하지만, 평소에 하나님의 말씀을 암송하여 하나님
   의 말씀으로 무장하는 일이 더 중요하다. 셋째, 성령으로 충만하셨음을 알 수 있
   다. 예수님이 세례 요한에게 세례를 받으실 때 비둘기 같은 성령이 예수님에게 임
   하셨다. 그리고 성령님에게 이끌리어 광야로 나아가셨다. 이렇게 예수님은 성령
   충만하셨기 때문에 마귀의 시험을 이길 수 있으셨다. 우리도 예수님처럼 말씀과
   기도와 성령으로 무장해야 한다.

2. 마귀의 시험을 이기기 위해 우리가 무장해야 할 영적 무기는 무엇이 있을까
   요? 에베소서 6장 14-18절을 찾아서 아래에 있는 그림의 빈칸을 채워봅시다.

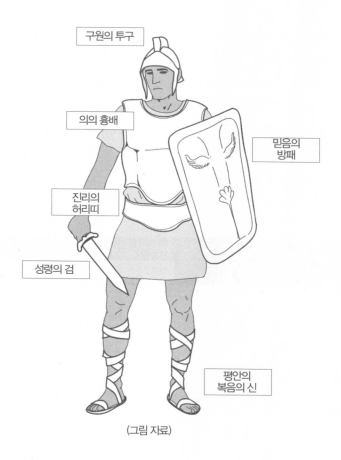

구원의 투구

의의 흉배

믿음의
방패

진리의
허리띠

성령의 검

평안의
복음의 신

(그림 자료)

〈엡 6:14-18〉
그런즉 서서 진리로 너희 허리 띠를 띠고 의의 호심경을 붙이고 평안의 복음이 준
비한 것으로 신을 신고 모든 것 위에 믿음의 방패를 가지고 이로써 능히 악한 자의
모든 불화살을 소멸하고 구원의 투구와 성령의 검 곧 하나님의 말씀을 가지라

3. 영적 싸움에서 이기기 위해 6가지 영적 무기로 무장하는 일은 우리 각자가 책임져야 할 일입니다. 그런데 이것만으로 다 된 것은 아닙니다. 우리가 시험 당할 때 성령님께서 역사하시고 함께해 주셔야만 이길 수 있습니다. 성경은 "모든 기도와 간구를 하되 항상 성령 안에서 기도하고 이를 위하여 깨어 구하기를 항상 힘쓰며 여러 성도를 위하여 구하라(엡 6:18)."라고 말씀하십니다. 이번 한 주간동안 하루 30분 이상씩 "영적 무장을 위한 5일간의 특별 기도의 시간"을 갖도록 합시다. 자신의 기도 제목을 내어 놓고, 함께 이 과정을 공부하는 성도들의 기도 제목도 적어서 중보 기도의 시간을 갖도록 합시다.

영적 무장을 위한 5일간의 기도				
기간 : ☐ 월 ☐ 일 ~ ☐ 월 ☐ 일				
일	일	일	일	일
확인	확인	확인	확인	확인
나의 기도 제목		1. 규칙적인 QT 생활을 할 수 있도록 2. 하루 30분 이상씩 기도하는 것이 생활화 될 수 있도록 3. 말씀을 깨닫는 지혜를 주시도록		
_____ 의 기도제목				
_____ 의 기도제목				
_____ 의 기도제목				
_____ 의 기도제목				
_____ 의 기도제목				

(차트 자료)

영적인 전투는 지식으로만 승리할 수 있는 것이 아니다. 배우고 노력하고 기도해야 한다. 이를 위해서 집중적으로 기도하는 주간이 될 수 있도록 하자. 함께 위의 표를 작성하고 5일간 특별히 시간을 내어서 기도할 수 있도록 서로 격려하자. 가능하다면 새벽기도를 함께 참석하고 잠깐씩 모임을 갖는 것도 좋은 방법이 된다.

새길말씀 외우기

사람이 감당할 시험밖에는 너희가 당한 것이 없나니 오직 하나님은 미쁘사 너희가 감당하지 못할 시험 당함을 허락하지 아니하시고 시험 당할 즈음에 또한 피할 길을 내사 너희로 능히 감당하게 하시느니라 (고전 10:13)

결단의 기도

사랑의 하나님, 예수님이 받으신 물질과 명예와 권력의 세 가지 시험은 오늘 우리들도 동일하게 당하는 시험인 줄 압니다. 예수님처럼 우리들도 마귀의 어떠한 시험이라 할지라도 이기게 해 주옵소서. 예수님의 이름으로 기도드립니다. 아멘.

평신도 양육교재

평가하기

평가항목	세부사항	그렇다	그저 그렇다	아니다
인도자의 준비도	인도자는 본 과의 교육목적을 이루기 위해 충분히 준비했습니까?			
교육목표의 성취도	1. 학습자들이 마귀의 유혹이 끊임없이 찾아옴을 깨닫고 이를 물리치기 위해서는 말씀과 기도로 깨어있어야 함을 깨달았습니까? 2. 학습자들이 자신에게 주어진 시험을 성령의 인도를 받아 연단의 기회로 삼겠다고 결단하였습니까?			
학습자의 참여도	학습자들이 진지하고 적극적인 태도로 성경공부에 임했습니까?			
성경공부의 분위기	성경공부를 하는 동안 학습자가 편안한 분위기를 느낄 수 있었습니까?			
기타 보완할 점	기타 보완할 점이나 건의사항이 있습니까?			

낮은 자와 함께

교육주제 균형 잡힌 경건한 삶을 산다.

배울말씀 아모스 8장 4-10절

도울말씀 마 6:1-4, 암 5:4-24

새길말씀 우리 각 사람이 이웃을 기쁘게 하되 선을 이루고 덕을 세우도록 할지니라.

(롬 15:2)

이룰 목표

① 하나님은 소외되고 낮은 자와 함께하시는 하나님임을 안다.

② 진정한 경건은 개인적 성결뿐 아니라 사회적 성결까지도 포함함을 깨닫는다.

③ 사회적 성결을 위해 탐심을 이기고 나눔과 섬김을 실천한다.

교육흐름표

30 min	30 min	30 min	30 min
관심	기억	반성	응답

교육진행표

구분	관심갖기	기억하기	반성하기	응답하기
제목	고(故) 최춘선 할아버지의 삶	낮은 자의 하나님	진정한 경건	나눔과 섬김
내용	고(故) 최춘선 할아버지는 예수님의 모습처럼 나눔과 섬김의 삶을 살았다.	아모스 선지자의 말씀을 통해 가난한 자와 나누고 살라는 하나님의 뜻을 발견한다.	예수님은 선한 사마리아인의 비유를 통해 좋은 이웃이 되어줄 것을, 양과 염소의 비유를 통해 지극히 작은 자를 돌볼 것을 명령하셨다.	부스러기사랑나눔회 이경림 대표의 인터뷰 기사를 읽고, 나눔의 삶을 살 수 있는 방법을 찾아 실천한다.
방법	예화 읽고 이야기하기	성경 찾아 답하기	성경 찾아 답하기	신문 기사 읽고 결단하기
준비물	고(故) 최춘선 할아버지 사진	아모스 고향 드고아 사진	선한 사마리아인 여인숙, 양과 염소 사진	
시간	30분	30분	30분	30분

말씀 이해

1. 탐심에 대한 경고 (암 8:4-6)

이스라엘 백성은 탐심에 사로잡혀 있었다(4절). 힘센 자들이 힘없고 약한 자들을 착취하는 일이 다반사였다. 아모스가 그러한 이스라엘 백성에게 경고한다. 이는 궁핍하고 가난한 자들을 관심과 사랑의 대상으로 보지 않고, 자신의 탐심을 채우기 위한 도구 정도로 여겼던 이스라엘 백성의 죄악에 대한 단호한 지적이었다.

돈에 혈안이 되었던 이스라엘 백성에게 월삭과 안식일은 무의미한 날이었다(5절). 그들은 종교적인 위선자들이었다. 제사에는 관심이 없고, 세상의 이익에만 관심을 쏟았다. 매달 월삭과 매주 안식일을 지킴으로써 발생하는 손해를 만회하고자 혈안이 되었다(5절). 거래에 있어서도 부피(에바)와 무게(세겔)를 속이는 등 부정직이 만연했다. 그들은 이익이 되기만 한다면 수단과 방법을 가리지 않았다. 전혀 먹을 수 없는 밀 찌꺼기를 가난하고 궁핍한 자들에게 팔아먹을 정도였다(6절). 궁핍하고 가난한 자들을 무참히 짓밟고 착취했다(6절). 그들은 은이나 신 한 켤레에 해당되는 소액의 부채를 이용해서 가난하고 궁핍한 자들의 인권을 유린하고 그들을 노예로 삼아버릴 정도로 무자비했다.

2. 하나님의 공의로운 심판 (암 8:7-10)

하나님께서 이스라엘 백성의 악행을 절대로 잊지 않으시겠고 맹세하셨다(7절). 하나님은 친히 맹세하셨다(참조. 암 4:2, 6:8). 하나님이 이스라엘 백성의 죄를 그냥 덮어두지 않으시고 공의로 집행하시면, 천재지변이 일어나듯 엄청난 재앙이 되고 말 것이다. 즉 지진이 발생하듯 땅이 떨게 되고(8절), 홍수가 나듯 강과 하수가 넘치게 되며(8절), 일식이 일어나듯 대낮에 땅이 어둠에 휩싸이게 될 것이다(9절). 절기 때 누리는 기쁨이 애통으로, 노래가 애곡으로 바뀌게 될 것이다(10절). 하나님이 공의로 심판하시는 그 날이 오면 인간이 할 수 있는 일은 아무 것도 없게 된다. 희망이 완전히 사라지고 만다. 설령 이스라엘 백성이 죄를 뉘우치고 극도로 슬퍼하고 있다는 것 하나님께 보이기 위해 의도적으로 굵은 베옷을 입고(삼하 3:31, 욘 3:6), 대머리가 되듯 머리를 깎고(사 3:24, 렘 47:5, 미 1:16), 독자의 죽음 때문에 부모가 슬퍼하듯 애통한다(10절)고 할지라도, 하나님의 심판을 돌이킬 수는 없다. 그날에 가서 후회한들 아무 소용이 없다(10절).

3. 낮은 자와 함께하시는 하나님

아모스 선지자가 활동하던 시대는 어찌 보면 아주 살기 좋은 시대였다. 정치적으로 안정되었고, 군사적으로도 힘이 막강했다. 여로보암 2세에 의해 태평성대를 누리던 부강한 시대였다. 그러나 도덕적으로 타락했고 종교적으로 하나님을 망각했다. 그 결과 사회의 양극화, 즉 부익부 빈익빈 현상이 갈수록 심화되었고, 약자를 억압하고, 물질적 번영만 추구하고, 환락 산업이 판을 치고, 거짓 종교로 인한 타락이 극심했다. 이러한 때에 아모스 선지자가 하나님의 공의와 정의에 대한 메시지를 전했다. 특히 본문에서는 "가난한 자를 삼키며 땅의 힘없는 자를 망하게 하려는 자들"(4절)에 대해 심판을 선언한다. 그들을 심판하시는 공의의 하나님은 곧 '낮은 자와 함께하시는 하나님'이시다. 하나님은 고아와 과부, 가난하고 소외된 자와 함께하시는 하나님이시다. 이는 신구약 성경에 일관된 사상이기도 하다(출 22:22-23, 신 27:19, 사 1:17, 마 25:31-46, 약 1:27).

용어, 지명 해설

· 아모스 : 아모스 선지자는 남 왕국 유다의 드고아에서 태어났다. 그는 본래 목동이었고 뽕나무 재배자였다. 호세아 선지자와 동시대인으로서 북 왕국 이스라엘의 여로보암 2세 때 예언 활동을 하였다. 호세아가 하나님의 사랑을 전했다면, 아모스는 하나님의 공의를 외쳤다.

고(故) 최춘선 할아버지의 삶

다음은 최춘선 할아버지의 아들인 최바울 목사님의 인터뷰를 바탕으로 한 이야기입니다. 읽고 주어진 질문에 답해 봅시다.

(사진 자료)

'맨발 할아버지'로 수많은 기독교인들의 눈시울을 적셨던 고 최춘선 할아버지를 기억하십니까? 30년이 넘도록 맨발로 다니며 복음을 전하셨던 최춘선 할아버지는 본래 경기도 김포에서 목회하시던 목사님이셨습니다. 그리고 부모에게 어마어마한 재산을 물려받은 부자였습니다. 그런 할아버지가 죽을병에 걸렸다가 다시 살아난 이후, 하나님의 은혜를 생각하며 전 재산을 다 팔아 가난한 사람들에게 나눠주고 전도자의 삶을 살게 되었던 것입니다. 더 놀라운 사실은 할아버지가 김구 주석과 함께 독립운동을 한 독립유공자란 사실이었습니다. 할아버지는 결국 2001년 여름, 1호선 수원행 열차에서 의자에 앉은 채 82세의 나이로 세상을 떠나셨습니다.

할아버지의 장남인 최바울 목사님(동그라미 유아심리연구소)은 "부끄러웠던 맨발의 아버지가 이제는 제 인생의 모델입니다."라고 고백하며 아버지를 그리워했습니다.

최바울 목사님은 "신앙은 가르치는 것이 아니고 보여주는 것이라는 걸 죽기까지 몸소 실천하셨던 분이에요."라고 아버지를 기억합니다.

"기력이 다하신 아버지께서 한번은 식사 중에 '아가, 숟가락 좀 가벼운 거 없니?'라고 하시는 거에요. '얼마나 기력이 떨어지셨으면 숟가락이 무겁다고 하실까.'하고 맘이 아팠지만 아버지의 전도는 막을 수가 없었어요."

"아버지는 내일 일은 절대로 걱정하지 않는 분이셨어요. 당장 내일 먹을 쌀이 없어도 전부 나눠주시고, 새 옷을 사다드리면 밖에 나갔다 들어오실 때 다 떨어진 헌옷으로 바꿔 입고 들어오시고, 심지어는 '바울아, 너는 따뜻한 옷이 또 있지?'라고 하시며 제 잠바들도 모두 나누어 주셨으니까요."

"중학교 때는 동생들을 모아놓고 '아버지가 예수를 믿어서 우리가 이렇게 된 것이니 우린 절대로 예수 믿지 말자.'라고 했던 때도 있었어요. 김포 일대의 땅이 대부분 아버지 소유였고 자동차가 다섯 대나 있었는데 모두 나눠주고 개천 다리 밑에서 살다가 쫓겨나는 일이 비일비재해서 어린 마음에 상처가 컸었던 것 같아요."

동생들을 모아놓고 '예수 믿자 말자'던 사춘기 시절의 상처는 그리 오래가지 못했습니다. 하나님께서 모두 채워주시고 회복시켜 주시고 인도해 주셨기 때문입니다.

가정에서 성경 이외에는 아무런 얘기도 하지 않던 아버지를 너무 높이만 바라봤던 후회스러움이 최목사에게 밀려왔습니다. "아버지께서는 하나님께 모든 것을 맡기셨던 거예요. 자신보다 더 잘 키울 수 있는 하나님께 자식들의 교육을 위탁하셨던 거죠."

아들의 결혼식 때 처음이자 마지막으로 신발을 신으셨다는 최춘선 할아버지. 그는 실로 '네 이웃을 네 몸과 같이 사랑하라'는 예수님의 말씀을 몸으로 지켜내신 맨발의 천사셨습니다.

1. 최춘선 할아버지의 삶이 기독교인과 비기독교인 모두에게 감동을 줄 수 있는 이유는 무엇일까요?

할아버지의 삶은 자기만을 위한 삶이 아니라 남을 위한 삶이었기 때문이다.

이기주의가 만연하고 양극화하고 현상이 날로 심해져서 먹고 살기가 점점 어려워지지만, 한편에서는 남을 위해 살고자 하는 움직임이 있어서 우리 사회에 깊은 감동을 준다. 그 중에 하나가 '자원봉사'이다. 남을 돕는 일은 삶에 활력을 불어 넣어주고 무력감을 사라지게 하는 효과가 있다.

참고로 최춘선 할아버지의 기이한 삶은 김우현 감독의 다큐멘터리 영상물 '가난한 자는 복이 있나니'를 통해 2003년 세상에 널리 알려졌다. 이 영상물이 인터넷을 통해 전국으로 퍼져나가자 감동의 물결이 이어졌다. 이후 「맨발 천사 최춘선, 가난한 자는 복이 있나니」(규장, 2004년)가 출간되었다.

2. 최춘선 할아버지의 삶에서 발견할 수 있는 예수님의 모습은 무엇일까요?

나눔과 섬김

예수님은 하늘 영광을 다 버리고 낮고 천한 이 땅에 오셨다. 나눔과 섬김의 삶을 사셨다. 사도행전 20장 35절에 '주는 것이 받는 것보다 복이 있다'고 하셨고, 누가복음 22장 27절에 '나는 섬기는 자로 너희 중에 있노라'고 하셨다. 할아버지 역시 예수님을 본받아 글자 그대로 나눔과 섬김의 삶을 살다 가셨다.

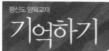

평신도 양육교재
기억하기

낮은 자의 하나님

배울말씀인 아모스 8장 4-10절을 읽고 주어진 질문에 답해 봅시다.

1. 본문에서 아모스 선지자는 누구에게 하나님의 말씀을 전했나요? (암 8:4)

아모스 선지자는 "가난한 자를 삼키며 땅의 힘없는 자를 망하게 하려는 자들"에게 하나님의 말씀을 전했다.

"가난한 자를 삼키며 땅의 힘없는 자를 망하게 하려는 자들"(4절)은 소외되고 낮은
자를 억압하고 착취하는 자들, 물질에 대한 탐욕에 사로잡힌 자들이다.

아모스 선지자는 남 왕국 유다의 드고아(그림 자료)에서 태어났다. 그는 본래 목동
이었고 뽕나무 재배자였다. 호세아 선지자와 동시대인으로서 북 왕국 이스라엘의
여로보암 2세 때 예언 활동을 하였다. 그는 하나님의 공의를 외쳤던 선지자였다.

2. 가난한 자들을 착취하는 부자들은 월삭과 안식일을 잘 지켰지만, 그들의 관심
   은 어디에 있었나요? 그리고 그 이유는 무엇이었을까요? (암 8:5-6)

그들의 관심은 세상의 이익에 있었다. 이는 그들이 물질에 대한 탐욕과 탐심에 사로
잡혀 있었기 때문이다.

그들은 월삭과 안식일을 지키기 위해 하나님 앞에 나아왔으면서도 여전히 관심은
세상의 이익에 있었다. 이는 그들이 물질에 대한 탐욕과 탐심에 사로잡혀 있었기
때문이다.

3. 아모스 선지자가 전한 하나님의 맹세는 무엇이었나요? (암 8:7-10)

그들의 모든 행위를 잊지 않고 심판할 것이다.

아모스 선지자는 공의로우신 하나님께서 반드시 세상을 심판하신다는 메시지를
전했다. 인도자는 학습자들이 하나님이 단지 부자라는 이유만으로 모든 부자들을
심판하시는 것으로 오해하지 않도록 지도해야 한다. 아모스 선지자가 외친 하나
님의 심판은 결코 깨끗한 부자에 대한 심판이 아니기 때문이다. 아모스는 부자면서
부자의 책임을 다하지 않고 악을 일삼는 자들에게 하나님의 말씀을 전했다.

1. 예수님은 이 땅에 오셔서 낮은 자와 함께하셨습니다. 이러한 예수님에게 붙여진 별명은 무엇이었나요? (눅 7:34)

먹기를 탐하고 포도주를 즐기는 사람이요, 세리와 죄인의 친구

예수님은 진정으로 그들의 친구가 되기를 원하셨을 것이다. 예수님은 유대교권자들이나 바리새인들의 비난을 감수하면서까지 세리와 죄인의 친구가 되셨다. 소외된 자를 찾으시고 낮은 자와 함께하시는 예수님의 고귀한 삶 속에 진정한 경건이 있음을 알 수 있다. 오늘 우리의 교회가 혹시 기득권을 누리는 입장에 있으면서도 소외되고 낮은 자를 소홀히 하고 있지는 않은지 되돌아 보아야 한다.

2. 선한 사마리아인의 비유(사진 자료)는 이기주의가 팽배한 우리 사회에 큰 도전을 줍니다. 제사장과 레위인이 선한 이웃이 되지 못한 이유는 무엇인가요? (눅 10:30-32)

강도 만난 자에게 무관심했고, 적극적으로 선행을 실천하지 않았다.

제사장과 레위인의 잘못은 일차적으로 어려움에 처한 사람 곧, 강도 만난 자에게 무관심했다는 것이고, 그리고 사마리아인처럼 적극적으로 자비를 베풀지 않았다는 점이다. 인도자는 학습자들에게 그리스도인의 진정한 경건은 야고보서 1장 27절 말씀대로 수직적인 측면(하나님과의 관계)과 수평적인 측면(사람들과의 관계)이 균형과 조화를 이루는 데 있다는 사실을 강조하도록 한다. 그리고 수평적인 측면이 부족해서 오늘날 사회에서 그리스도인들이 비난을 받고 있다는 사실을 상기시킨다.

3. 양과 염소의 비유는 양극화 현상이 심화된 우리 사회에 많은 지혜를 줍니다. 염소의 부류에 속한 사람과 양의 부류에 속한 사람의 결정적인 차이는 무엇인가요? (마 25:31-46)

염소의 부류에 속한 사람은 지극히 작은 자를 지극히 작은 자로만 여겼다. 양의 부류에 속한 사람은 지극히 작은 자를 예수님을 대하 듯 했다. 누구를 대하든지 예수님을 대하 듯해야 한다.(사진 자료)

예수님은 자신을 '지극히 작은 자'와 동일시하셨다(마 25:40, 45). 곧 염소의 부류에 속한 사람과 양의 부류에 속한 사람의 결정적인 차이는 지극히 작은 자를 지극히 작은 자로만 여기느냐 아니면 예수님과 동일시하느냐의 차이이다. 이는 하나님을 대하는 태도와 사람을 대하는 태도가 동일해야 한다는 의미이다. 따라서 우리는 누구를 대하든지 무슨 일을 하든지 '주께 하듯'(골 3:23, 엡 5:22, 엡 6:7) 해야

평신도 양육교재
응답하기   나눔과 섬김

다음은 '부스러기사랑나눔회' 이경림 대표에 관한 기사입니다. 읽고 주어진 질문에 대답해 봅시다.

> "이 시대에 가장 소외된 사람이 누굴까요. 전 (빈곤층) 아이들이라 생각해요. 태어날 때 부모를 선택할 순 없지만 결국 부모에 따라 환경이 결정되잖아요. 소위 '부모 잘못 만난 아이'를 남부럽지 않게 잘 돌보는 게 주님의 사랑을 나누는 한 방법이라 생각했지요."
> 이경림(49·여) 부스러기사랑나눔회 대표는 21년간 빈곤 어린이를 돌보고 있다. 1991년 빈곤퇴치운동에 동참하기 위해 찾은 서울 시흥2동에서 '가장

낮은 곳에 있는 아이들'을 만난 그는 가장 소외된 이로 가난한 환경에 놓인 어린이들을 꼽는 데 주저하지 않았다. '빈곤아동의 대모' 강명순 목사가 설립한 이 단체에서 1992년부터 공부방 교사이자 상임활동가로 일한 이경림 대표는 어린이들이 전국 탁아방과 공부방에서 보내온 가지각색의 사연을 매달 '부스러기편지'로 묶어 세상에 소개했다.

서울 금천구 시흥2동. 1991년 당시 도시 빈민이 모여 살던 이곳에서 이 대표는 자신이 생각할 수 없을 정도로 가난하게 살아가는 어린이들을 처음 만났다. 공부방을 찾는 이들의 집에는 수도시설이 없었고, 화장실도 재래식을 동네 사람이 함께 쓰고 있었다. 늘 배가 고팠던 꼬마들은 초등학교에 들어갔지만 한글을 읽고 쓸 줄도 몰랐다. 글을 모르는 것은 부모도 마찬가지였다. 육체노동으로 생계를 꾸리기에 급급했던 이들은 자녀들의 공부에 신경을 쓸 여력이 없었다. 자녀 교육은커녕 별 탈 없이 하루를 보내고 저녁을 맞으면 다행일 정도로 부모들의 삶은 고달팠다.

이 대표는 1992년 부스러기선교회 간사로 아동 빈곤퇴치운동에 발을 들였다. 이 대표는 낮에는 간사로 선교회 본부에서 일했고 퇴근 후에는 한글교실에서 어머니들을 가르쳤다. 또 집에 와서는 어머니들과 함께 인형 눈 붙이기나 마늘 까기 같은 부업을 했다. 돈이 목적이 아니었다. 공부방 친구들의 어머니와 소통하기 위해서였다. 피곤했지만 이들에게 자녀교육법을 알려주기 위해서는 일하며 친해지는 게 가장 좋은 방법이라 생각했다.

이 대표는 가정이 화목해야 빈곤 어린이 문제도 풀릴 수 있다는 확신을 갖고 폭력과 방임에 노출된 위기 어린이들을 지역아동센터에서 돌보는 한편, 가정에 사회복지사를 보내 부모에게 올바른 양육 방법을 지도했다. 가정에서 상처받아 오갈 데 없는 성 학대 어린이·청소년을 위해서는 그룹홈 형태의 쉼터를 열어 무엇보다 정서적 안정감을 찾도록 힘을 쏟았다.

또한 그는 빈곤 어린이·청소년이 고등학교까지 마칠 수 있도록 후원자가 1대 1로 지원하는 '국내 아동결연사업'에도 주력했다. 그 결과 현재 전국 1,535개 지역아동센터와 협력해 6만 2,000여 명의 어린이와 청소년이 부스러기사랑나눔회의 도움을 받고 있다.

"저는 매해 하나님이 주시는 은혜대로 살았어요. 아동 빈곤 사역을 하게 된 것도, 2008년부터 상임대표를 맡은 것도 모두 그분의 뜻이었지요. 다만 바라는 점이 있다면 현장에서 다시 아이를 만나고 싶어요. 2013년인 지금도 돈이 없어 네 형제가 두 개의 겨울 외투를 나눠 입고, 공사장의 공중화장실을 이용하는 아이들이 있다면 믿으시겠어요? 저는 예수께서 가장 낮은 곳에 가장 먼저 오실 거라 믿습니다. 그분의 눈물이 있는 그곳에서 저를 기다리는 아이를 다시 만나는 게 제 꿈입니다."

국민일보 2013년 3월 29일자 양민경 기자의 기사 중에서

1. 이경림 대표의 기사 중에서 기억에 남는 것은 무엇입니까?

각자의 생각을 들어보도록 한다.

- 가장 소외된 사람은 빈곤층 아이들이라 생각해요.
- '부모 잘못 만난 아이'를 남부럽지 않게 잘 돌보는 게 주님의 사랑을 나누는 한 방법이라 생각했지요.
- '가장 낮은 곳에 있는 아이들'
- 자신이 생각할 수 없을 정도로 가난하게 살아가는 어린이들을 처음 만났다.
- 저는 예수께서 가장 낮은 곳에 가장 먼저 오실 거라 믿습니다.
- 그분의 눈물이 있는 그곳에서 저를 기다리는 아이를 다시 만나는 게 제 꿈입니다.

2. 아래의 상자에 몇 개의 문장이 있습니다. 옳다고 생각하면 O표, 틀리다고 생각하면 X표를 하세요.

> 1. 봉사는 나 자신을 희생하는 것이다. (X)
> 2. 봉사는 시간 낭비, 돈 낭비다. (X)
> 3. 가난한 사람은 봉사를 할 수 없다. (X)
> 4. 자원봉사는 먹고 살 만할 때 하는 것이다. (X)
> 5. 나눔은 국가의 몫이다. (X)

위의 다섯 항목은 MBC TV 프로그램 〈1%의 나눔, 행복한 약속〉에서 발췌한 것이다. 정답은 모두 X(NO)이다. 인도자는 학습자들이 나눔에 대해 5가지를 생각할 수 있게 한다. 첫째, 봉사는 희생이 아닌 나눔이다. 둘째, 봉사는 결코 낭비가 아니다. 셋째, 아무리 가난해도 봉사할 수 있다. 넷째, 자원봉사는 지금 해야 한다. 다섯째, 나눔은 우리 모두의 책임이다.

3. 나눔의 삶을 정기적으로 실천할 수 있는 구체적인 방법으로 무엇이 있을까요? 함께 생각과 정보를 나눈 후에 실천을 다짐하는 기도의 시간을 갖도록 합시다.

각자가 생각하는 선행과 그것을 실천할 수 있는 방법을 이야기 나눈다. 예를 들어, 아름다운 재단이라는 시민단체가 벌이는 1% 나눔 운동에 동참한다, 가까운 장애인 복지 시설에 방문한다 등이 있다.

'아름다운 재단'이라는 시민단체가 있는데, 그 단체는 '1% 나눔 운동'을 벌이고 있다. 한 사람의 1%는 아주 작지만 그러나 1%를 나누는 백 사람이 모이면 세상을 바꾸는 온전한 100%가 될 수 있다는 것이다. 웨슬리는 신앙의 본질은 내면적(inward)인 것으로 이해하고 신앙의 증거는 사회적(social)인 것으로 이해했다. 그는 내면적 성결을 위한 경건의 훈련과 사회적 성결을 위한 자비의 훈련이 함께 필요하다고 강조했다. 그는 찬송가 서문에서 '사회적 성결이 아닌 성결을 모른다'고 강조했다. 또 '사회적 종교(social religion)가 아닌 기독교를 모른다'고 했다. 그는 이를 위해 경제적 분배 운동을 강조했다. 성화란 우리의 가진 것을 이웃에게 나누어 주는 경제적 성화의 모습으로 나타나야 한다는 것이다. 그래서 돈을 사용하는 데 있어서 최대한 성취하되, 최대한 아껴 쓰고, 최대한 베푸는(gain all you can, save all you can, give all you can) 청지기 정신과, 재산 상속 반대 운동, 소자에게 베풂을 통한 하늘나라 저축 등을 주창했다.

함께읽기 **자원봉사자의 자세(한국사회복지협의회)**

① 나에게 맡겨진 일을 잘 할 수 있다는 확신이 있어야 한다.
② 자원봉사기관에서의 규칙을 받아들여야 한다.
③ 자원봉사활동에서 만나는 사람들과 친밀하게 지내야 한다.
④ 주어진 일에 필요한 기술을 기꺼이 배우려고 해야 한다.
⑤ 기관의 담당자 혹은 팀 리더의 지도를 기꺼이 받아들여야 한다.
⑥ 자원봉사기관의 담당직원이 일을 믿고 맡길 수 있게 하여야 한다.
⑦ 자원봉사팀에서 함께 행동하여야 한다.
⑧ 수혜자의 사생활을 보호하여야 한다.

새길말씀 외우기

우리 각 사람이 이웃을 기쁘게 하되 선을 이루고 덕을 세우도록 할지니라
(롬 15:2)

결단의 기도

사랑의 하나님, 소외되고 낮은 자와 함께하시는 하나님께 감사와 영광을 돌립니다. 사회에서 소외되고 낮은 자들에게 그동안 무관심했던 것을 먼저 회개합니다. 이제는 주님을 닮은 기독교인답게 소외되고 낮은 자, 즉 이웃에 대한 책임으로 나눔과 섬김을 실천하게 하옵소서. 예수님의 이름으로 기도드립니다. 아멘.

평신도 양육교재
평가하기

평가항목	세부사항	그렇다	그저 그렇다	아니다
인도자의 준비도	인도자는 본 과의 교육목적을 이룰 수 있도록 충분하게 준비했습니까?			
교육목표의 성취도	1. 학습자들이 기독교인으로서 그동안 소외되고 낮은 자에 대해 무관심했던 것을 반성하였습니까? 2. 학습자들은 예수님을 본받아 소외되고 낮은 자에게 나눔과 섬김을 실천하기 위해 구체적으로 결단을 했습니까?			
학습자의 참여도	학습자들이 진지하고 적극적인 태도로 성경공부에 임했습니까?			
성경공부의 분위기	성경공부를 진행하는 동안 분위기가 자연스럽고 편안했습니까?			
기타 보완할 점	기타 보완할 점이나 건의사항이 있습니까?			

MEMO

MEMO

MEMO

MEMO

MEMO

MEMO